Irena Radwańska

KUCHNIA POLSKA

dla
każdego

Projekt okładki: Marcin Kowalski
Skład i łamanie: Konrad Ostrowski

Przedsiębiorstwo Wydawniczo-Handlowe – PRINTEX
tel./fax (085) 742-81-89, tel. kom. 0602 734 774
e-mail: printex@bsk.vectranet.pl

Białystok 2005

ISBN 83-86025-28-X

Druk i oprawa:
Podlaska Spółdzielnia Produkcyjno-Handlowo-Usługowa
Białystok, ul. 27 Lipca 40/3, tel./fax (085)675-48-02
http://www.podlaska.com.pl

SPIS TREŚCI

ZUPY

ZUPY MIĘSNE

Barszcz polski z uszkami

¼ kg kości, 10-15 dag kiełbasy lub wędzonki, włoszczyzna, ½ litra barszczu z buraków (można kupić gotowy), 2 buraczki, 2 litry wody, sól do smaku, 2 dag suszonych grzybków

Ugotować wywar na kościach z włoszczyzną i grzybkami, osobno 2 buraczki pokrajane na makaron. Wywar przecedzić, dodać posiekane grzybki i buraczki i zagotowany barszcz z buraków. Wkroić kiełbasę lub wędzonkę.

Gorący podawać z uszkami z grzybów lub ziemniakami.

Barszcz zabielany

Tak samo ugotowany barszcz zaprawić ćwiartką śmietany wymieszanej z żółtkiem i łyżką mąki.

Barszcz ukraiński

Kość z szynki lub ¼ kg kości wieprzowych, ¼ kg wieprzowego boczku, 2 buraki, pęczek młodej boćwinki, 3 grzybki, włoszczyzna, świeża pietruszka i koperek, 2 dag masła, ¼ kg białej fasoli, ½ główki włoskiej kapusty, 1 cebula, 5 pomidorów, ½ litra barszczu czerwonego, 5 dag słoniny, 2-4 jaja ugotowane na twardo, 2 litry wody, sól do smaku.

Ugotować wywar na kościach z wieprzowiną, włoszczyzną, grzybkami, buraczkami i posiekaną młodą boćwinką. Osobno ugotować namoczoną wcześniej fasolę (jeżeli to lato, to można użyć szparagowej – drobno posiekanej) i poszatkowaną kapustą włoską. W rondelku udusić na maśle pomidory i przetrzeć je przez sito (w zimie można użyć przecieru pomidorowego – 1 łyżkę stołową). Połączyć wszystkie składniki, tzn. wywar, fasolkę kapustę itp. Słoninę posiekać drobno z zieloną pietruszką i koprem, cebulę utrzeć na tarce, rozetrzeć tę masę łyżką i dodać do zupy. Dodać pokrajany boczek i jaja pokrajane w plasterki.

Barszcz rosyjski

¼ kg kości, włoszczyzna, 2 łyżki fasoli, 2 grzybki, ½ litra barszczu czerwonego, ćwiartka śmietany, 1 łyżka mąki, sól do smaku.

Na odcedzonym wywarze ugotować wszystkie warzywa, posiekać drobno, połączyć z barszczem czerwonym.

Przed podaniem dodać śmietanę wymieszaną z mąką. Podawać z uszkami lub fasolą.

Kapuśniak

¼ kg kości lub wieprzowiny, ¼ kg wędzonki, 1 litr kwasu kapuścianego z kapustą, 1 litr wody, włoszczyzna, 3 grzybki suszone, cebula, 15 dag słoniny, 1 duża łyżka mąki, sól, pieprz do smaku

Ugotować wywar z kości, warzyw, grzybów i z kwaskiem. Przygotować zasmażkę na słoninie, dodać pieprzu do smaku. (jarzyny można wyrzucić)

Dodać pokrajaną w kostkę wędzonkę i grzybki. Podawać z ziemniakami polanymi stopioną lekko słoniną.

Krupnik

¼ kg kości lub mięsa, 1 szklanka kaszy jęczmiennej lub perłowej, ½ kg ziemniaków, włoszczyzna, 1 cebula, 1 litry wody, sól do smaku, zielona pietruszka lub koper

Ugotować rosół z włoszczyzną i cebulą. Połowę odlać do rondla i zasypać kaszą, dodać pokrajane w cienkie talarki ziemniaki (ale niekoniecznie). Kiedy staną się miękkie, wlać resztę rosołu. Mięso pokroić, dodać do wywaru. Posypać drobno posiekaną pietruszką lub koprem.

Zupa z podróbek

Podróbki gęsie lub kurze (około ½ kg, ale bez wątróbek), skórka z gęsiej szyjki, włoszczyzna, 1 żółtko, 1 jajo, sól do smaku, 2 łyżki masła, ¼ litra śmietany, 1 szklanka perłowej kaszy, 1 łyżka tartej bułki, 2 litry wody

Podróbki ugotować z włoszczyzną. Osobno ugotować kaszę z łyżką masła. Wątróbkę posiekać drobno, zmieszać z tartą bułką, łyżką masła, dodać jajo i żółtko, posolić, wymieszać i masą nadziać skórkę z gęsiej szyjki, zaszyć i ugotować w zupie. Po ugotowaniu pokroić w ukośne plasterki, resztę podróbek posiekać i dodać do rosołu wymieszanego z kaszą.
Można do zupy dodać kwaśną śmietanę.

Zupa francuska Julienne

Jarzyny: marchew, seler, pietruszkę, kalarepę, kalafior, zielony groszek, sparzona kapusta włoska, 5 dag masła, ½ mięsa rosołowego lub ¼ kg kości, 2 duże cebule, 4 bułki, 2 litry wody, sól do smaku

Umyte jarzyny pokroić cienko w paseczki i dusić do miękkości na maśle. Ugotować osobno rosół. Wrzucić duszone jarzyny. Dodać upieczone w piekarniku cebule. Całość razem chwilę gotować. Jarzyny zostawić w zupie, cebule wyrzucić.
Podawać z grzankami z bułek.

Zupa pomidorowa

½ kg mięsa lub kości, 4 duże pomidory (lub słoiczek przecieru pomidorowego), 2-3 dag masła, 15-17 dag ryżu, 1 żółtko, ½ łyżki mąki, 2 litry wody, sól do smaku, włoszczyzna, ćwiartka śmietany

Ugotować wywar z mięsa i włoszczyzny. Pomidory umyć i udusić w rondelku na wolnym ogniu z kilkoma łyżkami rosołu, masłem. Ugotować osobno ryż. Pomidory przetrzeć i zalać rosołem. Wlać śmietanę rozbitą z żółtkiem i mąką. Całość zagotować i zdjąć z ognia. Można podawać z grzankami.

Zupa cytrynowa

½ kg mięsa rosołowego lub kości, 15-17 dag ryżu, włoszczyzna, 1 cytryna, 1 żółtko, 1 łyżka masła, ½ łyżki mąki, 2 litry wody, sól do smaku, ćwiartka śmietany

Ugotować z włoszczyzną rosół. Osobno ugotować na sypko ryż z masłem. Wywar przecedzić, dodać śmietanę rozrobioną z żółtkiem i mąką. Zagotować powtórnie. Po odstawieniu z ognia dodać pokrajaną w cienkie plasterki cytrynę (bez skórki).

Zupa szczawiowa

½ kg mięsa lub kości rosołowych, słoiczek lub dwie garście świeżego szczawiu, włoszczyzna, 2 łyżki masła, ćwiartka śmietany, pół łyżki mąki, szklanka ryżu lub 4 bułki, 1-2 jaja ugotowane na twardo, 2 litry wody, 1 żółtko, sól do smaku

Ugotować wywar z kości i włoszczyzny. Szczaw umyć, przebrać i drobno posiekać. Udusić w rondelku z masłem. Rosół przecedzić, dodać szczaw. Śmietanę wymieszać z mąką i żółtkiem. Zagotować i odstawić z ognia. Osobno ugotować ryż na sypko. Dodać pokrojone w drobną kosteczkę jajka.

Zamiast ryżu można podać grzanki.

Zupa grochowa

¼ kg wędzonego boczku lub innej wędzonki, ¼ łuskanego grochu (jeżeli cały, to w przeddzień namoczyć), 10 dag słoniny, 1 łyżka mąki, 2 litry wody, włoszczyzna, sól do smaku

Ugotować rosół z boczku lub wędzonki z dodatkiem włoszczyzny. Dodać ugotowany wcześniej i przetarty przez sito groch. Połączyć z rosołem. Na słoninie zrobić lekką zasmażkę z mąki i jeszcze raz zagotować, nieustannie mieszając. Mięso pokroić w kostkę i dodać do wywaru.

Zupę można podawać z grzankami z bułek albo ryżem.

Zupa fasolowa włoska

¼ kg mięsa lub kości, ¼ kg fasoli perłowej, włoszczyzna, 2 duże cebule, 10 dag mąki, 1 jajo, 10 dag słoniny, pół łyżki mąki, 2 litry wody, sól do smaku

Fasolę namoczyć na noc. Ugotować wywar z kości i włoszczyzny. Miękką fasolę przetrzeć przez sito i połączyć z rosołem. W rondelku stopić drobno pokrajaną słoninę i w niej zarumienić pokrajane cebule. Dodać mąkę i zrobić delikatną zasmażkę. Połączyć ją z zupą, zagotować i odstawić z ognia.

Podawać z lanym lub siekanym ciastem.

Zupa neapolitańska

¼ kg mięsa lub kości, ćwiartka słodkiej śmietanki, 2 żółtka, sól do smaku, 5 dag utartego sera żółtego (najlepiej parmezanu), ¼ kg makaronu, 2 litry wody, włoszczyzna, pół łyżki mąki

Ugotować wywar z mięsa i włoszczyzny i zaprawić go śmietaną zmieszaną z żółtkiem i mąką. Osobno ugotować makaron w osolonej wodzie. Kiedy zupa będzie gotowa, posypywać ją utartym serem bezpośrednio na talerzach.

Zupa kalafiorowa

¼ kg mięsa, 2 małe kalafiory, ćwiartka śmietany, 1 żółtko, ½ łyżki mąki, 4 bułki lub 1 szklanka ryżu, 2 litry wody, 1 łyżka masła, włoszczyzna, sól do smaku

Ugotować rosół z włoszczyzną. Oczyścić kalafiory, rozdrobnić na małe kawałki i dusić na maśle w rondelku. Część rozgotować zupełnie w rosole. Uduszone kalafiory połączyć z rosołem.

Dodać do zupy mąkę wymieszaną z żółtkiem. Zagotować i odstawić z ognia. Podawać z ryżem lub grzankami.

Zupa szparagowa

Sposób przygotowania – jak poprzednio. Zamiast kalafiorów należy dodać 15-20 szparagów ugotowanych w małej ilości wody z dodatkiem odrobiny cukru. Gdy staną się miękkie, odciąć główki i połączyć z rosołem. Resztę przetrzeć przez sito. Podawać z ryżem lub grzankami.

Zupa francuska z pulpetami

½ kg mięsa rosołowego, ¼ kg mielonej cielęciny, 4 łyżki zielonego groszku, 4 łyżki ryżu, 1 bułka, kostka bulionowa, 1 łyżka masła, 2 żółtka, 5 dag sera żółtego, 2 litry wody, włoszczyzna, sól do smaku

Ugotować rosół z włoszczyzną oraz kostką bulionową. Osobno ugotować zielony groszek i ryż na sypko. Cielęcinę połączyć z namoczoną bułką i masłem i dusić pół godziny na wolnym ogniu. Po wystygnięciu posolić, dodać surowe żółtka i zrobić małe kulki, które następnie otaczać w mące.

Pulpety ugotować na wodzie. Gdy wypłyną, wyjąć i dodać do rosołu. Na talerzyku podać utarty ser do posypania zupy.

Zupa z pieczarek

¼ kości rosołowych, 10 pieczarek, 2 łyżki masła, 1 cebula, pieprz, sól, ziele angielskie, 2 litry wody, włoszczyzna

Ugotować rosół z włoszczyzną. Pieczarki drobno pokroić i podsmażyć na maśle z cebulką. Dodać sól, pieprz i ziele angielskie. Poddusić i połączyć z rosołem.

Podawać z grzankami.

Zupa królewska

½ kg mięsa rosołowego, 1 kurczak, 4 ugotowane na twardo żółtka, 2 dag masła, 1 łyżka mąki, ¼ kg szynki wędzonej, łyżka bułki tartej, 5 dag migdałów, dużo włoszczyzny, 2 litry wody, sól do smaku

Ugotować rosół z włoszczyzną, przecedzić przez sito.

Drobne kawałki kurczaka, migdały, rozdrobnione żółtka i szynkę pokrajaną w kostkę zalać częścią rosołu i dusić, aż się wszystko rozgotuje. Dodać resztę rosołu, zagotować.
Podawać z grzankami lub groszkiem ptysiowym.

ZUPY JARSKIE

Kapuśniak

1 litr kwasu kapuścianego wraz z kapustą, włoszczyzna, 1 litr wody, sól, pieprz, 3 suszone grzyby, 2 duże cebule, 10 dag masła, 1 łyżka mąki, 2 kg ziemniaków

Ugotować wywar z włoszczyzny. Osobno gotować kapustę wraz z pokrajaną cebulą, zmieszać z wywarem jarzynowym. Dodać łyżkę mąki, zagotować i przyprawić do smaku.
Podawać z ziemniakami.

Zupa grochowa

Robi się tak samo jak mięsną, tylko na wywarze z włoszczyzny.

Zupa fasolowa

Robi się tak samo jak mięsną, tylko na wywarze z włoszczyzny.

Zupa ziemniaczana zwykła

2 kg ziemniaków, włoszczyzna, 2 duże cebule, sól, pieprz, 10 dag masła, 2 litry wody, 1 łyżka mąki, 1 listek laurowy, 2 suszone grzyby

Ugotować wywar z włoszczyzny z dodatkiem listka i posiekanymi grzybami. Pokroić ziemniaki w kostkę lub plasterki, sparzyć i gotować na przecedzonym wywarze.
Na maśle przygotować zasmażkę z cebulą i połączyć z zupą. Zagotować.

Zupa grzybowa ciemna

3-4 dag suszonych grzybów, włoszczyzna, 2 duże cebule, 2 litry wody, sól do smaku, 10 dag masła, 10 dag mąki, 1 jajo

Ugotować wywar z włoszczyzny i cebuli. Osobno ugotować pokrojone drobno grzyby w małej ilości wody. Gdy będą miękkie, dodać do przecedzonego wywaru. Zupę zagęścić mąką i zagotować.

Można podawać z lanym ciastem sporządzonym z mąki i jaja, łazankami albo ugotowaną na gęsto kaszą manną pokrojoną w kostki.

Zupa kminkowa

Włoszczyzna, garść kminku, 2 litry wody, sól do smaku, 1 łyżka mąki, 1 łyżka masła, 2 kromki chleba

Ugotować wywar z włoszczyzny, osobno ugotować kminek, przecedzić, zasmażyć na maśle z mąką i połączyć w wywarem.
Podawać z grzankami z chleba.

Zupa selerowa

Włoszczyzna, 2 duże selery, 2 litry wody, sól, 1 łyżka mąki, 1 łyżka masła, 4 bułki

Ugotować wywar z włoszczyzny. Osobno ugotować obrane selery w małej ilości wody. Przetrzeć przez sito i połączyć z przecedzonym wywarem. Zupę zagęścić mąką.
Podawać z grzankami.

Zupa ziemniaczana przecierana

2 litry wody, 2 kg ziemniaków, 5 dag masła, ½ łyżki maki, 1 cebula, ćwiartka śmietany, 1 żółtko, zielona pietruszka lub koperek, włoszczyzna, sól do smaku

Ugotować wywar z włoszczyzny i cebuli. Osobno ugotować ziemniaki i przetrzeć je przez sito do wywaru. Podbić śmietaną wymieszaną z surowym żółtkiem i odrobiną mąki.
Podawać posypaną zieleniną.

Zupa ogórkowa

3 kiszone ogórki, włoszczyzna, cebula, ½ litra kwasu ogórkowego, 10 dag masła, 1 ½ litra wody, ćwiartka śmietany, 1 żółtko, 1 łyżka mąki, sól, zielony koperek

Ugotować wywar z włoszczyzny i cebuli. Ogórki obrać ze skórki, pokrajać w plasterki i dusić na maśle na wolnym ogniu. Połączyć z wywarem, dodać kwas, zagotować. Dodać śmietanę wymieszaną z żółtkiem i odrobiną mąki i jeszcze raz zagotować.
Podawać z ugotowanymi ziemniakami, posypaną koperkiem.

Zupa piwna

1 piwo, kawałek cynamonu, ćwiartka śmietany, 2-4 żółtka, cukier do smaku, 2 kromki chleba 10 dag białego sera, 1 szklanka wody

Piwo gotować z wodą, cukrem i cynamonem. Osobno wymieszać śmietanę wymieszaną z surowymi żółtkami. Śmietanę zalać gorącym piwem, ciągle bijąc trzepaczką, żeby się żółtka nie zwarzyły.
Dodać pokrojony w kostkę ser. Podawać z grzankami.

Zupa winna

Przyrządza się tak samo jak piwną, dodając zamiast piwa proporcjonalną ilość wina. Podawać w filiżankach samą lub z biszkoptami.

ZUPY MLECZNE

Zupa „nic"

1 litr mleka, 4 łyżki cukru, 1 proszek waniliowy, 2 dag rodzynków, 2 żółtka, 2 białka na pianę

Mleko zagotować z wanilią. Żółtka utrzeć z cukrem i zalać wrzącym mlekiem, bijąc trzepaczką, żeby się nie zwarzyły. Białka ubić na sztywną pianę, dodać cukru i łyżeczką spuszczać na gotujące się mleko, aby się ścięły.

Zupa migdałowa

1 litr mleka, ½ litra wody, 10 dag obranych migdałów, 2 żółtka, 2 łyżki cukru, 2 dag rodzynków

Sparzone migdały zemleć i dodać do gotującego się mleka z wodą i rodzynkami. Osobno utrzeć żółtka z cukrem i zmieszać z zupą, ubijając trzepaczką.

Można podawać z ryżem ugotowanym na sypko.

Ryż na mleku

Szklankę ryżu ugotować w 1 litrze mleka, odrobinę posolić.

Grysik, albo kaszka manna na mleku

Gotować jak wyżej, tylko krócej.

Lane ciasto na mleku

Na gotujące się mleko spuszczać małymi kroplami lane ciasto. Odrobinę posolić.

Kluseczki francuskie na mleku

Na dotujące się mleko kłaść łyżeczka małe kluseczki i chwilę gotować pod pokrywką. Odrobinę posolić.

Zacierki na mleku

Zrobić zacierki z twardego ciasta, skubane lub utarte na grubej tarce wrzucać na gotujące się mleko i chwilę podgotować.

ZUPY OWOCOWE

Zupy owocowe można przyrządzać ze wszystkich owoców. Owoce gotuje się dłużej lub krócej, zależnie od wielkości, przeciera przez sito i zaprawia stosownie do tego, czy to ma być zupa klarowna, czy zabielana. Zupy czyste zaprawia się winem z wodą (2 szklanki wina, 2 szklanki wody), dodaje trochę cynamonu, cukru i wanilii. Gotuje się, a na końcu zaprawia łyżeczką mąki ziemniaczanej rozrobionej z wodą. Do zupy zabielanej dodaje się ćwiartkę śmietany z łyżeczką mąki kartoflanej.

Zupa z borówek

Może być robiona czysta lub zabielana.

Zupa z agrestu

Wymaga dużo cukru, smaczniejsza jest zabielana.

Zupa z porzeczek.

Musi być zabielana śmietaną.

Zupa z poziomek, malin lub truskawek

Surowe owoce należy przetrzeć przez sito. Osobno zagotować pół litra mleka. Ubić cztery żółtka z cukrem i dodać do mleka. Gdy mleko wystygnie, zalać nim owoce.
Podawać na zimno.

Zupa z wiśni

Wiśnie gotuje się z pestkami i przeciera przez sito. Jeszcze raz zagotować. Może być czysta albo zabielana.

Zupa morelowa

Może być czysta lub zabielana.

Zupa ze śliwek

Ugotowane śliwki należy przetrzeć przez sito. Można podawać czystą lub zabielaną.

Zupa z powideł

Słoik powideł zagotować w wodzie i zaprawić śmietaną.

Zupa z jabłek lub gruszek

Jabłka lub gruszki gotuje się nieobrane, przeciera i zabiela śmietaną albo podaje czystą.

Chłodnik z pomarańcz

4 pomarańcze, ¼ kg cukru, 1 litr wina, 1 litr wody

Cukier otrzeć o dwie pomarańcze w skórce, aby nabrał zapachu, zalać winem i wodą. Dwie pomarańcze obrać ze skórki, pokrajać w plasterki i posypać grubo cukrem, aby puściły sok. Następnie wycisnąć je przez gęste sito do wazy. Dwie pomarańcze pokrajać w plasterki i wrzucić do wazy.

DANIA MIĘSNE

Mięso jest największym i najłatwiej dostępnym źródłem białka. Stanowi ono podstawę jadłospisu większości polskich rodzin. Oprócz białka zawiera także witaminy, sole mineralne i węglowodany. Dietetycy przestrzegają jednak przed nadużywaniem mięsa w naszym jadłospisie. Zwłaszcza osoby pracujące umysłowo nie mają zwiększonego zapotrzebowania na duży energetyczny posiłek składający się ze sporego kawałka mięsa.

Dania mięsne na pewno będą smaczne i zdrowe, jeśli kupując mięso zwrócimy uwagę na jego kolor, zapach, wygląd, świadczące o jego świeżości i pochodzeniu (czy nie pochodzi przypadkiem ze starej sztuki).

Mięsne dania są niezwykle popularne w kuchni polskiej. Z mięsa można bez problemu przygotować posiłki łatwe i urozmaicone, zwłaszcza jeśli wykorzystamy różne rodzaje mięsa: drób, wołowinę, wieprzowinę lub baraninę.

CIELĘCINA

Pieczeń cielęca

Ćwiartka cielęciny, ¼ kg masła lub smalcu, 2 łyżki bułki tartej, sos beszamel, sól

Mięso zbić mocno i namoczyć przez godzinę w zimnej wodzie. Potem wyjąć, posolić i znowu zostawić na godzinę. Sparzyć, włożyć do piekarnika ruszt i na nim położyć mięso, obracać, ciągle polewając masłem. Gdy pieczeń jest już rumiana, osypać bułeczką, polać masłem, jeszcze przyrumienić.

Pokrajać w plastry, oblać sosem własnym lub beszamelem. Podawać z sałatą, marchewką z groszkiem.

Mostek cielęcy nadziewany

Pieczeń: 1 kg mostku, ¼ kg masła, woda, sól, bułka tarta

Farsz: 4 łyżki bułki tartej, 1 bułka namoczona w mleku, 2 łyżki masła, 2 żółtka, 2 białka, siekana natka pietruszki

Zrobić farsz z podanych wyżej składników, utrzeć na gładką masę. Mostek wymoczyć w zimnej wodzie, posolić i włożyć farsz. Piec w piekarniku, polewając masłem. Przed podaniem posypać tartą bułką przyrumienioną na maśle.

Kotlety cielęce bite

½ lub ¾ kg mięsa na kotlety, 4 łyżki bułki tartej, 4 łyżki mąki, 2 jaja, 2 łyżki tłuszczu, sól, pieprz do smaku, trochę jarzynki

Mięso pokroić na kotlety, zbić je tłuczkiem do mięsa. Na osobnych talerzykach przygotować mąkę, bułkę tartą i ubite jaja. Kotlety maczać po kolei: w mące, jajku, bułce tartej. Kotlety kłaść na rozgrzany tłuszcz i obsmażać z obu stron.

Podawać z garniturem z jarzyn: marchewką, groszkiem zielonym, szpinakiem, kapustą, zieloną sałatą.

Sznycle po wiedeńsku

1 kg cielęciny, 2 łyżki mąki, 2 łyżki masła, sól, pieprz

Pokrajać zrazy z mięsa na pieczeń, zbić, posolić, popieprzyć, osypać mąką i wrzucić na gorące masło, smażyć z obu stron.

Podawać z przyrumienionymi gotowanymi ziemniakami i polać własnym sosem.

Kotlety mielone

½ kg cielęciny, 1 bułka namoczona w mleku, 2 łyżki bułki tartej, 2 łyżki tłuszczu, sól

Mielone mięso cielęce wymieszać z namoczoną bułką i solą, dokładnie wymieszać. Z masy wyrabiać płaskie kotleciki, posmarować je żółtkiem, obsypać bułka tartą i smażyć na gorącym tłuszczu z obu stron.

Podaje się ze szpinakiem albo zielonym groszkiem.

Kotlety duszone

½ kg cielęciny, 10 dag masła do smażenia, 1 łyżka masła na sos, ½ szklanki rosołu z kostki, ½ szklanki śmietany, sok z połowy cytryny, 1 cebula, 1 łyżka mąki, sól, pieprz

Zbite, posolone kotlety kładzie się na patelnię na gorącym maśle z cebulą i obsmaża z obu stron. W rondelku uciera się łyżkę masła z łyżką mąki, rozprowadza zimnym rosołem, śmietaną i sokiem z cytryny. W tym sosie dusić usmażone kotlety.

Kotlety cielęce z pieczarkami

½ kg kotletów, 10 dag masła, 1 szklanka rosołu z kostki, kilka pieczarek, sok z połowy cytryny, 4 łyżki bułki tartej, 2 jaja, 4 łyżki maki, sól, pieprz

Kotlety zbić i posmażyć, jak zwykle, na maśle, w mące, jajku i bułce. Rumianą zasmażkę rozprowadzić masłem, dodać posiekane drobno pieczarki i dusić w tym sosie przez ok. godzinę. Kotlety na półmisku polać sosem.
Podawać z makaronem lub ryżem.

Kotlety cielęce z jajkiem

½ kg cielęciny, 1 białko, 1 żółtko, 4 łyżki bułki tartej, 10 dag masła, 4 jaja, 1 cytryna, sól, pieprz

Kotlety (4 sztuki) usmażyć, jak wyżej, włożyć do piekarnika i poddusić. Gdy będą gotowe, ułożyć na półmisku. Na pozostałe masło wbić 4 jaja, posolić, popieprzyć. Gdy białka się zetną, zdjąć ostrożnie nożem i położyć na każdym kotlecie wraz z plasterkiem cytryny.
Podawać z różnymi warzywami i osobno sos bulionowy.

Roladki „Gniazdka jaskółcze"

½ kg cielęciny (na 4 porcje), 4 duże plastry szynki, 4 cienkie płaty słoniny, 4 jaja na twardo, 3 łyżki maki, sól, 10 dag tłuszczu, ¼ kg ryżu, 1 łyżka masła, 1 cebula, pieprz

Cielęcinę pokroić i zbić na zrazy. Na każdy płat mięsa położyć cienki płat słoniny, na słoninę położyć szynkę, a na środek obrane, ugotowane na twardo jaja. Zwinąć każdą roladkę w rulon, tak, aby jajko było w środku, związać każdą nitką. Osypać mąką, posolić, popieprzyć i dusić w rondelku na tłuszczu z cebulką. Osobno ugotować ryż na sypko z masłem i solą.

Na okrągły głęboki półmisek położyć ryż i wyrównać go nożem. Zrobić w nim 8 dołków, wyciskając dnem szklanki. Gdy roladki są już miękkie, zdjąć nitki, przekroić każdą w poprzek i ułożyć w dołkach, przekrojem do góry.

Mieszanka z resztek cielęciny

½ kg cielęciny pieczonej, 4 gotowane ziemniaki, 2 śledzie, 2 jabłka, bułka tarta, 4 łyżki kwaśnej śmietany, 2 łyżki masła, 4 jaja, ziele angielskie, cebula, sól, pieprz

Cielęcinę przepuścić przez maszynkę, ugotowane ziemniaki przetrzeć przez sito, śledzie obrać z ości i drobno posiekać, także jabłka, dodać 2 łyżki masła, żółtka, trochę utartej cebuli, śmietanę, kilka ziarenek ziela angielskiego, posolić, popieprzyć, dodać ubitą pianę z białek. Wszystko dobrze wymieszać na jednolitą masę, włożyć do wysmarowanego masłem rondla i osypanego tartą bułką, wstawić na pół godziny do gorącego piekarnika.

Paprykarz z cielęciny

½ kg cielęciny, 10 dag masła, 2 łyżki mąki, trochę sproszkowanej papryki, ¼ litra śmietany, ¼ szklanki rosołu z kostki, sok z połowy cytryny, sól

Pokroić cielęcinę na małe zraziki, otoczyć w mące i usmażyć na maśle na rumiano. Do pozostałego ze smażenia masła wsypać pół łyżki mąki i paprykę, zasmażyć. Dodać śmietanę, sok z cytryny, rozprowadzić rosołem i zagotować, ciągle mieszając. Do sosu włożyć zraziki i zagotować.

Podawać z gotowanym na sypko ryżem lub makaronem.

Potrawka cielęca z zielonym groszkiem

¼ cielęciny z mostka lub łopatki, włoszczyzna, ½ lita zielonego groszku, 10 dag masła, trochę cukru, bułka tarta, sól, przyprawa do mięs

Mostek udusić lekko w maśle z włoszczyzną i przyprawami. Osobno ugotować zielony groszek z łyżką masła, cukrem i solą. Gdy będzie miękki, zalać go sosem z cielęciny i zagotować. Mięso pokroić w kawałki, groszek ułożyć na głębokim półmisku, obłożyć dokoła potrawką, polaną masłem i posypaną tartą bułką.

Potrawka cielęca w szarym sosie

½ cielęciny z łopatki, włoszczyzna, przyprawa do mięs, 1 łyżka masła, 1 łyżka mąki, 1 szklanka rosołu z kostki, 3 dag rodzynków, sok z 1 cytryny, 1 kieliszek wina, sól

Łopatkę udusić jak poprzednio. Osobno zrobić rumiana zasmażkę, rozprowadzić ją rosołem, dodać sparzone rodzynki, wlać wino, dodać sok z cytryny, posolić, zagotować parę razy, włożyć pokrajane mięso i jeszcze raz zagotować.
Podawać z ryżem na sypko.

Naleśniki z wątróbką cielęcą

8 naleśników, 1 wątróbka, 10 dag słoniny, 15 dag masła, ¼ rosołu z kostki, 1 cebula, przyprawa do mięs, sól, pieprz

Usmażyć naleśniki. Wątróbkę naszpikować słoniną i udusić, następnie utrzeć ją na tarce lub przepuścić przez maszynkę. Posiekaną cebulę udusić na maśle lub słoninie, włożyć w to wątróbkę, posolić, popieprzyć, wlać trochę rosołu i razem przesmażyć. Rondel wysmarować masłem i układać warstwami naleśniki z wątróbką. Upiec w gorącym piekarniku.
Przybrać zieloną pietruszką i podawać.

Kiełbaski z wątróbką

2 główki włoskiej kapusty, ¼ kg wątróbki cielęcej, 10 dag słoniny, 1 namoczona bułka, 2 żółtka, 2 białka, sól, pieprz do smaku

Liście z kapusty obrać i ugotować w osolonej wodzie, uważając, żeby nie przegotować. Wątróbkę i słoninę przepuścić przez maszynkę, dodać namoczoną i wyciśniętą bułkę, dodać dwa żółtka, wszystko razem utrzeć, posolić, popieprzyć, na końcu dodać pianę z białek.

Kłaść po jednej łyżce tej masy do liści i zawijać, by wyglądały jak krótkie kiełbaski. Ułożyć w rondlu i dusić przez pół godziny na maśle, oblewając ich własnym sosem.
Podawać z ugotowanymi, przysmażonymi ziemniakami.

Wątróbka smażona po włosku

1 wątróbka cielęca, 1 ly ka masła, 1 łyżka mąki, siekana na ka pietruszki, kilka małych cebulek, kilka pieczarek, 1 kieliszek białego wina, 1 kieliszek wody, sól

Wymoczoną wątróbkę pokroić na plastry, rozbić i zarumienić prędko na maśle, posolić i trzymać w cieple. Na sosie po usmażonej wątróbce zasmażyć łyżkę mąki, dodać siekana pietruszkę, posiekane cebulki i pieczarki, zarumienić, rozprowadzić winem i wodą, trochę podgotować.
Podawać z makaronem.

Wątróbka smażona po polsku

1 wątróbka cielęca, 3 łyżki mąki, 20 dag masła, 1 jajo, 3 łyżki tartej bułki, sól

Wątróbkę pokroić w plastry, zbić tłuczkiem, maczać w mące, jajku i tartej bułce, posolić, usmażyć z obu stron.
Podawać z ryżem na sypko.

Wątróbka cielęca duszona

1 wątróbka, 20 dag masła, 5 dag słoniny, 3 łyżki mąki, 1 cebula, sól

Wątróbkę pokrojoną w plastry i naszpikowaną słoninką, umaczaną tylko w mące, usmażyć szybko z obu stron, na maśle z pokrojoną w pierścienie cebulką. Podlać gorącą wodą i krótko dusić pod przykryciem.
Podawać z ryżem na sypko.

Nóżki cielęce w cieście

2 nóżki cielęce, 2 żółtka, 2 białka, 20 dag masła, 4 łyżki mąki, 4 łyżki bułki tartej, włoszczyzna, sól

Nóżki sparzyć i ugotować z włoszczyzną. Przekroić każdą na połowy i wyjąć ostrożnie kości tak, aby mięso się nie rozpadło. Żółtka rozbić, białka ubić na pianę i razem zmieszać. Nóżki posolić i maczać po kolei w mące, jajkach i tartej bułce. Smażyć na bardzo gorącym maśle.

Nóżki cielęce smażone

2 nóżki cielęce, 4 łyżki mąki, 4 łyżki tartej bułki, 20 dag masła, 2 jaja, sól, włoszczyzna

Nóżki ugotować z włoszczyzną, przekroić na pół, wyjąć kości, posolić. Zrobić ciasto rzadkie, jak na naleśniki, z czterech łyżek mąki i dwóch jaj, maczać w nim nóżki, osypać tartą bułką i smażyć na maśle.

Ozorki cielęce smażone

2 ozorki, włoszczyzna, przyprawa do mięs, sól, 2 łyżki masła, 2 łyżki mąki, 2 łyżki tartej bułki, 10 dag masła, sól

Ozorki ugotować z włoszczyzną, przyprawami i solą, pokroić w ukośne plastry, maczać w mące, jajku i tartej bułce, usmażyć na gorącym maśle.
Podawać z sosem rumianym lub cebulowym.

Ozorki cielęce w sosie

2 ozorki, włoszczyzna, przyprawa do mięs, sól, 2 łyżki masła, 1 łyżka mąki, sok z połowy cytryny, trochę cukru, 1 szklanka rosołu z kostki

Ugotować ozorki, jak wyżej, pokroić w ukośne plastry. Zrobić rumiana zasmażkę, rozprowadzić rosołem, posolić, dodać sok z cytryny, trochę cukru. Do sosu włożyć ozorki i podgotować chwilę.
Podawać z ryżem na sypko.

Ozorki cielęce z pomidorami

2 ozorki, włoszczyzna, przyprawa do mięs, sok z 2-3 pomidorów, trochę rosołu z kostki, 5 dag słoniny, sól

Ozorki ugotować, jak wyżej, nie kroić, ale naszpikować słoninką. Włożyć do rondla, zalać sokiem z pomidorów i dusić, aż będą zupełnie miękkie. W razie potrzeby dodać trochę rosołu.

Przed podaniem pokroić w plasterki, polać sosem. Podawać z makaronem.

DRÓB

Sałatka z kurczakiem i kalafiorem

200-300 g mięsa kurczaka (może być gotowane, wędzone lub pieczone), 1 mały kalafior, 1 puszka kukurydzy, 100 g orzechów włoskich, majonez, sól i pieprz do smaku.

Kalafior umyć, podzielić na różyczki, wrzucić na 2-3 minuty do osolonego wrzątku (musi pozostać twardawy). Kukurydzę odcedzić, orzechy obrać, posiekać. Mięso z kurczaka pokroić w małe paseczki. Do odcedzonego kalafiora dodać posiekane orzechy, kukurydzę, mięso drobiowe i kilka łyżek majonezu. Doprawić do smaku solą i czarnym mielonym pieprzem. Przed podaniem schłodzić w lodówce.

Sałatka z kurczaka z ananasem

300 g pieczonego lub gotowanego mięsa kurczaka, 1 puszka ananasa, 50 g rodzynek, majonez, jogurt naturalny, sól do smaku.

Kukurydzę odcedzić. Mięso drobiowe pokroić w małe paseczki. Plastry ananasa odcedzić, pokroić w kostkę. Rodzynki umyć, zalać na kilka minut wrzątkiem, odcedzić. Majonez wymieszać pół na pół z jogurtem. Wszystkie składniki wymieszać. Doprawić do smaku solą.

Kurczak nadziewany wątróbką

1 kurczak średniej wielkości, 150 – 200 g wątróbki drobiowej, 1 jajko, bułka tarta, 1 czerstwa bułeczka, natka pietruszki, masło, mleko, sól i pieprz do smaku.

Kurczaka dokładnie umyć, natrzeć solą, odstawić na kilka godzin. Bułkę namoczyć w mleku. Wątróbkę umyć, obrać z błonek, posiekać na miazgę. Bułkę odcisnąć, dodać do wątróbki. Natkę pietruszki posiekać. Do wątróbki dodać żółtko i posiekaną natkę. Białko ubić na sztywną pianę. Dokładnie wyrobić masę, na koniec dodając pianę z białka. Jeśli masa jest za rzadka, dodać bułkę tartą. Doprawić do smaku solą i pieprzem. Przygotowanym nadzieniem napełnić kurczaka, zszyć otwór igłą z biała nitką.

Przygotowanego kurczaka umieścić w brytfannie wysmarowanej masłem, podlać wodą, na wierzchu położyć kawałek masła, wstawić do piekarnika. Piec około 1 ½ godziny.

Kurczaka podawać z gotowanymi ziemniakami lub frytkami i mizerią.

Kurczak duszony z sokiem winogronowym

1 kurczak średniej wielkości, 200 g pieczarek, 1 cebula, 1 pietruszka, 1 seler, ¼ szklanki soku winogronowego, 1 szklanka bulionu drobiowego, sól i pieprz do smaku.

Kurczaka umyć, pokroić na kawałki. Pietruszkę, seler i cebulę pokroić w kostkę. Pieczarki pokroić w plasterki. W rondlu ułożyć jarzyny, kurczaka, pieczarki, wlać bulion i sok winogronowy, przykryć, dusić na małym ogniu do miękkości. Doprawić do smaku solą i czarnym mielonym pieprzem.

Kurczaka podawać z ryżem ugotowanym na sypko i fasolką szparagową.

Kotlety de volaille

Po 1 płacie mięsa z piersi kurczaka, ½ kostki masła, 2 jajka, olej roślinny do smażenia, 2 ząbki czosnku, bułka tarta, sól i pieprz do smaku.

Mięso umyć, rozbić, posolić i posypać czarnym mielonym pieprzem. Na każdym kawałku mięsa kłaść odrobinę schłodzonego masła roztartego ze zmiażdżonym czosnkiem, ciasno zwinąć mięso.

Kotlety obtaczać w jajku, a następnie w bułce tartej. Smażyć na rozgrzanym oleju na złoty kolor, uważając by masło nie wypłynęło ze środka.

Kurczak w sosie curry

1kg piersi kurczaka, 100g rodzynek, ½ szklanki oleju roślinnego, 2 cebule, ½ szklanki ketchupu, 2-3 łyżeczki sosu sojowego, 2-3 łyżeczki curry, sól i pieprz do smaku.

Piersi kurczaka umyć, pokroić w dużą kostkę. Przygotować sos. Ketchup wymieszać z olejem roślinnym, sosem sojowym, curry, doprawić do smaku solą i czarnym mielonym pieprzem. Cebulę pokroić w kostkę. Do naczynia żaroodpornego włożyć mięso, cebulę, rodzynki, zalać sosem, wymieszać, odstawić do lodówki na około 3-4 godziny. Po tym czasie naczynie do zapiekania wstawić do nagrzanego piekarnika. Zapiekać około 1 godziny.

Kurczaka podawać z ryżem ugotowanym na sypko i surówkami.

Kurczak duszony w winie

1 średniej wielkości kurczak, 2 łyżki masła, 50-100g wędzonego boczku, 4 cebulę, 150g pieczarek, 1 kieliszek koniaku lub brandy, 1 szklanka czerwonego wytrawnego wina, liść laurowy, tymianek, 1 ząbek czosnku, 1 łyżka mąki, sól i pieprz do smaku.

Kurczaka umyć, pokroić na kawałki. Obsmażyć na maśle. Zdjąć z patelni. Na patelnię wrzucić pokrojony w kostkę boczek, posiekaną cebulę, pokrojone w plasterki pieczarki, przesmażyć. Na koniec dodać zmiażdżony czosnek. Wszystko przez kilka minut poddusić. Do rondla włożyć obsmażone kawałki kurczaka, dodać przesmażony boczek z pieczarkami, wlać koniak, wino, włożyć liść laurowy, tymianek, dodać łyżkę mąki, doprawić do smaku solą i czarnym mielonym pieprzem. Przykryć pokrywką, dusić na małym ogniu do miękkości mięsa. Kurczaka wyjąć, sos gotować jeszcze około 15-20 minut. Zawartość sosu przed podaniem zmiksować.

Kurczaka wyłożyć na półmisek, polać gorącym sosem. Podawać do młodych ziemniaków posypanych posiekanym koperkiem.

Kurczak w sosie musztardowym

1 kurczak, olej roślinny, 3 łyżki masła, sól.

Sos: 1 łyżka masła, 1 łyżka mąki, 1 łyżka musztardy, 1 szklanka bulionu drobiowego, ½ szklanki śmietany lub jogurtu naturalnego, 2 żółtka, 2 łyżeczki octu winnego, sól i cukier do smaku.

Kurczaka umyć, pokroić na kawałki, osolić, natrzeć olejem roślinnym, włożyć do wysmarowanego masłem naczynia do zapiekania. Piekarnik nagrzać, wstawić naczynie z kurczakiem, upiec. W trakcie pieczenia podlewać sosem lub niedużą ilością wody.

Przygotować sos. Z masła i mąki przygotować zasmażkę. Wlać bulion drobiowy, dodać ocet winny, musztardę, śmietanę, zagotować. Żółtka wymieszać z niedużą ilością sosu, powoli wlewać do sosu. Gotować na bardzo małym ogniu lub na parze do momentu aż sos zgęstnieje. Doprawić do smaku cukrem i solą.

Upieczonego kurczaka wyjąć z piekarnika, polać sosem. Podawać z frytkami lub ziemniakami puree i surówkami.

Indyk świąteczny

Indyk o wadze około 4 kg, 2 cebule, 1-2 marchwie, 1 pietruszka, 1 mały seler, natka pietruszki, masło, sól i pieprz do smaku.

Sprawionego indyka (nie zapomnieć o wyjęciu ścięgien z nóg) umyć, osuszyć, natrzeć solą i pieprzem z zewnątrz i wewnątrz, odstawić na kilka godzin w chłodne miejsce. Marchew, seler i pietruszkę umyć, obrać, opłukać, włożyć razem z natką pietruszki do środka ptaka. Naczynie do zapiekania wysmarować tłuszczem, włożyć indyka, podlać wodą, wstawić do gorącego piekarnika. W trakcie pieczenia smarować indyka stopionym masłem. Po upieczeniu wyjąć warzywa i natkę pietruszki ze środka.

Pieczonego indyka podawać z borówkami i ziemniakami puree.

Pierś indycza w pomidorach

Pierś indycza wagi ok. 1 kg, 500 g pomidorów, 2-3 ząbki czosnku, tymianek, olej roślinny, sól i pieprz do smaku.

Pierś indyczą umyć, osuszyć, pokroić w dużą kostkę, obsmażyć w rondlu na rozgrzanym oleju. Pomidory umyć, sparzyć, obrać ze skórki, pokroić w plasterki. Indyka wyjąć, włożyć pokrojone pomidory, dodać posiekany czosnek, dusić aż pomidory puszczą sok. Włożyć mięso z indyka, doprawić solą, czarnym mielonym pieprzem, tymiankiem, dusić pod przykryciem na małym ogniu aż mięso będzie miękkie.

Pierś indyczą w pomidorach podawać z makaronem lub ryżem ugotowanym na sypko.

Kaczka duszona

Kaczka, 1 marchew, 1 pietruszka, 1 cebula, 2 łyżki masła, liść laurowy, ziele angielskie, majeranek, sól i pieprz do smaku.

Kaczkę sprawić, umyć, pokroić na kawałki. W rondlu rozpuścić masło, obsmażyć na nim kawałki kaczki. Marchew i pietruszkę drobno pokroić, cebulę posiekać, dodać do kaczki, podlać wodą lub bulionem drobiowym, włożyć liść laurowy i kilka ziarenek ziela angielskiego, przykryć, dusić na małym ogniu do momentu aż mięso będzie miękkie. Pod koniec duszenia doprawić do smaku solą i czarnym mielonym pieprzem.

Podawać z ziemniakami i marchewką duszoną z zielonym groszkiem.

Kaczka z jabłkami

Kaczka, 3-4 jabłka, czosnek, majeranek, masło, sól i pieprz do smaku.

Kaczkę sprawić, umyć, osuszyć, nasolić, natrzeć majerankiem i zmiażdżonym czosnkiem. Odstawić w chłodne miejsce na 2-3 godziny.

Jabłka obrać, pokroić na ćwiartki, usunąć gniazda nasienne. Jabłka włożyć do środka kaczki, zszyć. Naczynie do zapiekania wysmarować tłuszczem. Włożyć kaczkę, na wierzchu położyć kawałki masła, wstawić do nagrzanego piekarnika. W trakcie pieczenia polewać kaczkę wytopionym tłuszczem.

Kaczkę podawać z pieczonymi ziemniakami.

Gęś z kaszą gryczaną

Gęś, majeranek, sól, czosnek, ½ szklanki kaszy gryczanej, masło.

Gęś sprawić, umyć, osuszyć, natrzeć solą, majerankiem i zmiażdżonym czosnkiem, odstawić w chłodne miejsce na 2-3 godziny.

Kaszę przebrać, opłukać, wrzucić do osolonego wrzątku (na ½ szklanki kaszy 1 szklanka wody), przykryć, gotować na bardzo małym ogniu do momentu, aż kasza wchłonie całą wodę. Ugotowaną kaszą napełnić wnętrze gęsi, zaszyć otwór brzuszny i gardziel. Naczynie do zapiekania wysmarować masłem, włożyć gęś, wstawić do nagrzanego piekarnika. W trakcie pieczenia polewać gęś tłuszczem, jaki się z niej wytopił.

Gęś podzielić na porcje, podawać z kaszą gryczaną i surówką z czerwonej kapusty lub z buraczkami.

DZICZYZNA

SARNINA

Sarninę należy zamarynować na parę dni przed pieczeniem. Mięsa nie należy myć, ale włożyć do marynaty i często przewracać.

Marynata: 2 szklanki octu, 1 szklanka wody, pieprz, pokrajana w plasterki cebula, ząbek czosnku, parę ziarenek jałowca, parę goździków, liście laurowe. Wszystko razem zagotować, wystudzić i zalać tym sarninę. Po wyjęciu z marynaty sarninę wytrzeć i upiec.

Pieczeń sarnia

Ćwiartka sarniny, ¼ kg słoniny, ¼ kg masła, marynata, 3 łyżki oliwy, 2 szklanki czerwonego wina, cebula, sól, pieprz

Ćwiartkę sarniny naszpikować słoniną i zamarynować. Marynatę zrobić z 3 łyżek oliwy, 2 szklanek czerwonego wina, cebuli, soli i pieprzu. W marynacie trzymać mięso przez trzy dni, potem wyjąć i osuszyć. Położyć na blasze lub nabić na rożen i upiec, często polewając marynatą.

Podawać do pieczeni buraczki lub czerwoną kapustę.

Comber sarni

Comber, ¼ kg słoniny, ¼ kg masła, marynata, bułka tarta, ¼ litra śmietany

Comber sarni dobrze zbić i zamarynować w occie z wodą i przyprawami, jak wyżej na trzy dni. Wyjąć, naszpikować gęsto słoniną i piec przykrytą natłuszczonym papierem. Polewać często masłem. Pod koniec pieczenia osypać tartą bułką i polać śmietaną.

Podawać z sosem, obłożoną bukietem z jarzyn.

Kotlety z sarniny

4 kotlety, 10 dag masła, 2 jaja, 4 łyżki tartej bułki, sól, pieprz

Z combra wykroić cztery kotlety z kostkami, rozbić, posolić, popieprzyć, maczać w jajku i tartej bułce, smażyć na gorącym maśle. Podawać z sosem pieczarkowym lub cytrynowym.

Pieczeń z dzika

Udziec dzika, ¼ kg słoniny, przyprawa do mięs z dziczyzny, cebula, bułka tarta, 2 szklanki octu, włoszczyzna, rosół z kostki, 1 szklanka wina, sól

Udziec z dzika mocno zbić, wyjąć z niego kości. Naszpikować słoniną, natrzeć solą i przyprawą, związać sznurkiem, obłożyć jarzynami, cebulą, przyprawami, zalać octem i odstawić na kilka dni.

Włożyć do rondla, osypać włoszczyzną i cebulą, zalać rosołem i dusić pod przykryciem około czterech godzin. Pod koniec zalać szklanka wina i jeszcze poddusić. Przed podaniem osypać tartą bułką i przyrumienić.

Podawać ze śliwkami.

Zając pieczony

Oprawiony zając, ¼ kg słoniny, 1 łyżka masła, ½ szklanki mąki, trochę mąki, sól

Oczyszczonego zająca zamarynować, jak sarninę, ale na dwa dni. Marynuje się comber i część tylnią. Po wyjęciu z marynaty naszpikować słoniną, położyć na blasze i upiec, polewając masłem, a na końcu dodając śmietanę rozmieszaną z odrobiną maki. Gdy będzie gotowy, pokroić na kawałki.

Podawać z buraczkami i makaronem.

Zając po myśliwsku

Zając, marynata, ¼ kg słoniny, cebulki szalotki, tarta bułka, mielona papryka, jałowiec, sól, ½ litra czerwonego wina

Zamarynowanego zająca porąbać na kawałki, posolić, popieprzyć i ułożyć w żaroodpornym naczyniu, wyłożonym plasterkami słoniny, przesypując sparzonymi cebulkami i tartą bułką oraz papryką.. Dodać kilka ziaren jałowca, przykryć z wierzchu plastrami słoniny i zalać czerwonym winem. Nakryć szczelnie naczynie i wstawić do gorącego piekarnika na 2-3 godziny, nie odkrywając wcale. Podawać w tym samym naczyniu z czerwoną kapustą, uduszoną w winie.

Zrazy z zająca

Mięso zajęcze, 10 dag słoniny, 1-2 jaja, 1 łyżka rosołu z kostki, bułka tarta, 10 dag masła, sól, pieprz

Mięso przepuścić przez maszynkę razem ze słoniną, posolić, wbić jaja, wlać łyżkę rosołu, posolić, popieprzyć, otaczać w bułce. Zrobić okrągłe albo podłużne zrazy i smażyć na gorącym maśle.

Potrawka z zająca po parysku

Przodki zajęcze, 20 dag wędzonki, garść cebulek, mielona papryka, liść laurowy, 1 łyżka masła, 1 łyżka mąki, szklanka czerwonego wina, szklanka rosołu z kostki, sól, pieprz

Przodki cielęce obrać z kości, dodać drobno posiekaną wędzonkę, pokrojone cebulki, sól, łyżkę masła i dusić na małym ogniu. Gdy się mięso nieco przyrumieni, dać trochę pieprzu, papryki, włożyć liść laurowy, zasypać łyżką mąki, zalać szklanką czerwonego wina. Dusić pod przykryciem do miękkości, sos rozprowadzić rosołem. Podawać z ziemniakami przepuszczonymi w formie ryżu przez maszynkę.

Filety z zająca

Comber, 10 dag słoniny, włoszczyzna, cebula, przyprawa do potraw z dziczyzny, 2 łyżki rosołu z kostki, 1 łyżka masła, 1 łyżka mąki, garść cebulek, ½ szklanki białego wina, sól

Wykroić grube na palec filety, rozbić je lekko, naszpikować słoniną. Z kości wygotować, jarzyn, cebuli i przypraw wywar, przecedzić, dodać rosół, przyprawić zasmażką z mąki i masła, wrzucić garść pokrojonych cebulek. Filety smażyć szybko z obu stron na gorącym maśle, włożyć w przygotowany sos, do którego należy wlać wino. Mięso kilka razy zagotować.

Zając duszony ze śliwkami

Zając, 10 dag suszonych śliwek, 20 dag masła, 1 łyżka mąki, włoszczyzna, przyprawa do dziczyzny, 1 szklanka czerwonego wina, skórka cytrynowa, sól, 2 cebule

Oczyszczonego zająca natrzeć solą i wstawić do piekarnika do obrumienienia na maśle. Potem pokroić go na kawałki i dusić w maśle, w którym się piekł, z dodaniem wody, czerwonego wina, włoszczyzny, cebul, przyprawy i zarumienionej na maśle mąki. Dusić na wolnym ogniu, a na pół godziny przed podaniem sos przecedzić, zalać nim zająca na nowo, włożyć suszone śliwki oraz kawałek skórki cytrynowej. Gotować razem, a gdy śliwki popękają i puszczą sok, wyłożyć potrawę na półmisek, polać sosem.
Podawać z krokietami z ziemniaków.

Łatwy pasztet z zająca

Zając, ½ kg wieprzowiny, 1 litr rosołu z kostki, cebula, włoszczyzna, przyprawa do dziczyzny, sól

Zająca upiec, obrać z mięsa, dodać pokrajana tłustą wieprzowinę, sól, cebulę, przyprawę i włoszczyznę. Zalać rosołem i powoli gotować około trzech godzin, na małym ogniu. Włoszczyznę przetrzeć przez sito, mięso przepuścić przez maszynkę, wszystko razem połączyć i masę włożyć do formy.

Królik pieczony

1 królik, 10 dag masła, sok z cytryny, sól

Królika upiec tak samo jak zająca, polewając masłem i kropiąc sokiem z cytryny. Podawać z sosem chrzanowym.

Królik smażony

1 królik, 2 jaja, 4 łyżki mąki, 4 łyżki tartej bułki, 20 dag masła, sok z cytryny, sól

Królika pokroić na cztery części, posolić, pokropić sokiem z cytryny, maczać w mące, jajku i bułce tartej. Smażyć. Podawać z sosem chrzanowym.

Potrawka z królika

1 królik, włoszczyzna, sok z cytryny, 1 łyżka masła, 1 łyżka mąki, sól, woda

Pokrajanego królika dusić z warzywami w małej ilości wody. Zrobić biały sos cytrynowy, włożyć do niego królika i zagotować. Podawać z ryżem na sypko.

Pasztet z królika

1 królik, włoszczyzna, 20 dag słoniny, garść cebulek, ząbek czosnku, 2 łyżki bułki tartej, ½ kieliszka wina, 10 dag masła, 1 jajo, przyprawa do dziczyzny, sól, pieprz

Królika ugotować z włoszczyzną. Mięso wyjąć, ładniejsze kawałki odłożyć, resztę obrać z kości, przepuścić przez maszynkę ze słoniną i cebulami oraz czosnkiem, dodać przyprawę, sól, pieprz, białe wino, trochę tartej bułki. Rondel wysmarować masłem, posypać tartą bułką i układać w nim kawałki mięsa, masę i kawałki słoniny. Posmarować z wierzchu jajkiem i upiec.

Podawać na gorąco z sosem pomidorowym.

WIEPRZOWINA

Schabowy panierowany w mące

0,5 kg schabu bez kości, 2 ząbki czosnku, mąka, 2 łyżki mleka, 2 jajka, olej do smażenia, sól i pieprz do smaku.

Schab umyć, pokroić na kotlety, rozbić je tłuczkiem do mięsa, natrzeć z obu stron solą, czarnym mielonym pieprzem i zmiażdżonym czosnkiem. Jajka rozbić dokładnie widelcem, dodać 2 łyżki mleka. Kotlety obtaczać najpierw z mące, a następnie w jajku. Smażyć na rozgrzanym oleju z obu stron na złoty kolor.

Schabowy panierowany w serze

0,5 kg schabu bez kości, 100-150 g żółtego sera, 2- 3 jajka, 2 łyżki mleka, bułka tarta, sól i pieprz do smaku, olej roślinny do smażenia.

Schab umyć, pokroić na kotlety, rozbić je tłuczkiem do mięsa, natrzeć solą i czarnym mielonym pieprzem. Jajka rozbić dokładnie widelcem, dodać 2 łyżki mleka. Ser zetrzeć na tarce o dużych otworach. Kotlety maczać w jajku, następnie w żółtym serze, jeszcze raz w serze i na koniec w bułce tartej. Kotlety smażyć na rozgrzanym oleju z obu stron na złoty kolor.

Pulpety z mielonego mięsa z ryżem

0,5 kg mielonego mięsa z łopatki, ½ szklanki ryżu, 2 jajka, natka pietruszki, 3-4 łyżki koncentratu pomidorowego, słodka mielona papryka, 2 cebule, bulion, mąka, masło, sól i pieprz do smaku.

Ryż opłukać, gotować w szklance osolonego wrzątku pod przykryciem na małym ogniu do momentu, aż ryż wchłonie całą wodę. Ryż przestudzić. Cebulę drobno posiekać, odsmażyć na maśle. Połowę porcji cebuli dodać do mięsa. Natkę pietruszki posiekać. Do mięsa wbić jajka, dodać ryż i natkę pietruszki, dokładnie wyrobić masę. Doprawić do smaku solą, czarnym mielonym pieprzem i słodką czerwoną papryką. Z wyrobionej masy formować okrągłe pulpety. W szerokim rondlu zagotować około 1l bulionu, wkładać pulpety, dodać przesmażoną cebulę. Łyżkę mąki rozprowadzić w zimnej wodzie, razem z koncentratem pomidorowym dodać do sosu, zagotować. Sos doprawić do smaku solą i pieprzem, posypać posiekaną natką pietruszki.

Pulpety z sosem podawać z gotowanymi ziemniakami lub z białym pieczywem.

Żeberka wieprzowe

1 kg żeberek wieprzowych, 4 ząbki czosnku, 4-5 łyżek sosu sojowego, 2-3 łyżki miodu, olej roślinny, sól i pieprz do smaku.

Żeberka umyć, pokroić. Z oleju, miodu, posiekanego czosnku, sosu sojowego, soli i pieprzu przygotować sos. Żeberka włożyć do sosu, przykryć, odstawić na około 2 godziny w chłodne miejsce. Po tym czasie mięso wyjąć, ułożyć na ruszcie i upiec w piekarniku. Można także żeberka usmażyć na patelni na rozgrzanym oleju, następnie podlać przygotowanym sosem i udusić pod przykryciem do miękkości.

Żeberka podawać z ryżem ugotowanym na sypko lub z frytkami oraz z surówką z kiszonej kapusty.

Wieprzowina duszona z warzywami

500 g wieprzowiny, 100 g wędzonego boczku, 500 g ziemniaków, 2 marchwie, 1 pietruszka, 2 cebule, ½ selera, natka pietruszki. 1 łyżka maki, 2 łyżki koncentratu pomidorowego, 3 łyżki śmietany, sól i pieprz do smaku.

Wieprzowinę umyć, pokroić w dużą kostkę, natrzeć solą i pieprzem. Boczek drobno pokroić, stopić w rondlu. Dodać pokrojone mięso, obsmażyć. Podlać bulionem lub wodą, dodać koncentrat pomidorowy, przykryć, dusić na małym ogniu 30-40 minut. Ziemniaki, marchew, cebulę, pietruszkę i seler umyć, obrać, opłukać, pokroić w kostkę. Na patelni rozgrzać olej, odsmażyć pokrojone warzywa, dodać je do mięsa. Na pozostałym tłuszczu zrumienić mąkę, rozprowadzić śmietaną, wlać do naczynia z gotującym się mięsem. Wszystko razem dusić na małym ogniu do miękkości. Doprawić do smaku solą i czarnym mielonym pieprzem, posypać posiekaną natką pietruszki.

Wieprzowina zapiekana z majonezem

0,5 kg schabu bez kości, 200 g żółtego sera, 3 – 4 cebule, majonez, sól i pieprz do smaku, olej roślinny.

Schab umyć, pokroić na kotlety, delikatnie zbić tłuczkiem do mięsa, natrzeć solą i czarnym mielonym pieprzem. Cebulę obrać, umyć, pokroić w cienkie plasterki. Naczynie do zapiekania wysmarować olejem roślinnym. Wyłożyć spód naczynia mięsem, na to ułożyć cebulę, z wierzchu ze-trzeć żółty ser, doprawić do smaku solą i pieprzem, dokładnie posmaro-wać majonezem, wstawić do nagrzanego piekarnika, zapiec.

Schab zapiekany podawać z gotowanymi lub smażonymi ziemnia-kami i surówką.

Gulasz wieprzowy

300 g wieprzowiny, 1 cebula, 1 słodka papryka, olej roślinny, słodka mielona pa-pryka, sól, czarny mielony pieprz, koncentrat pomidorowy.

Mięso umyć, pokroić w dużą kostkę, obsmażyć w rondlu na roz-grzanym oleju. Cebulę obrać, drobno pokroić. Paprykę oczyścić, umyć, pokroić w paski. Cebulę i paprykę dodać do mięsa. Doprawić kilkoma łyżeczkami słodkiej mielonej papryki, przez chwilę przesma-żyć. Dolać szklankę bulionu lub wody, 2-3 łyżki koncentratu pomido-rowego, przykryć, dusić na małym ogniu.

Gulasz podawać z makaronem lub ryżem ugotowanym na sypko.

Wieprzowina w sosie słodko-kwaśnym

500 g wieprzowiny, 2 ząbki czosnku, 2-3 łyżki octu winnego, 2 jajka, 3 łyżki mąki, 1 łyżeczka mąki ziemniaczanej, olej roślinny, sól i pieprz do smaku.

Mięso umyć, pokroić w paseczki. Z mąki, jajek, wody i soli przygotować dość rzadkie ciasto. Kawałki mięsa zanurzać w cieście, smażyć na głębokim oleju. Po usmażeniu mięso wyjąć, osączyć na papierowym ręczniku.

Dwie łyżki oleju roślinnego rozgrzać na patelni, dodać posieka-ny czosnek, lekko odsmażyć, zdjąć z ognia. Dodać ocet winny, cukier, rozprowadzoną w zimnej wodzie mąkę ziemniaczaną, doprawić do smaku solą i czarnym mielonym pieprzem, zagotować.

Mięso włożyć do sosu, podgrzać. Podawać z makaronem lub ry-żem ugotowanym na sypko.

WOŁOWINA

Wołowina duszona z ziemniakami

300-400g wołowiny (najlepiej polędwicy wołowej), 3 cebule, 600g ziemnia-
ków, 100g boczku wędzonego, 2 szklanki bulionu wołowego, musztarda, olej
do smażenia, sól i pieprz do smaku.

Wołowinę umyć, pokroić na kotlety, zbić tłuczkiem do mięsa. Kotlety posmarować musztardą. W rondlu stopić pokrojony w kostkę boczek.
Dodać obrane, pokrojone w plasterki ziemniaki i cebulę, doprawić do
smaku solą i pieprzem. Na cebulę ułożyć mięso, osolić, zalać bulionem
lub wodą, przykryć, dusić na małym ogniu około 30 minut.
Przed podaniem udekorować posiekaną zieleniną.

Wołowina duszona z fasolą

300g wołowiny, 250g białej fasoli, 250g pomidorów, 1 cebula, 1 słodka papry-
ka, 1 kieliszek czerwonego wina, 3 łyżki oleju roślinnego, sól, pieprz do smaku.

Fasolę umyć, namoczyć na noc w zimnej wodzie. Wołowinę umyć,
pokroić w kostkę. Cebulę obrać, drobno posiekać. Słodką paprykę
oczyścić, pokroić w paski. Pomidory umyć, pokroić w cząstki.
Fasolę ugotować w osolonej wodzie, odcedzić. W rondlu rozgrzać
olej roślinny, obsmażyć mięso i cebulę, dodać pokrojoną paprykę.
Wlać odrobinę gorącej wody, doprawić do smaku solą i czarnym mielonym pieprzem, przykryć, dusić na małym ogniu. Pod koniec duszenia dodać odcedzoną fasolę, pokrojone pomidory, wlać wino,
przykryć, dusić jeszcze przez około 5-7 minut.

Wołowina w sosie chrzanowo-jabłkowym

500g wołowiny, liść laurowy, ziele angielskie, 1 cebula, sól.

Sos: 1 jabłko, tarty chrzan, ocet winny, olej roślinny, cukier, sól, pieprz do smaku,
1 łyżka śmietany lub jogurtu naturalnego.

Mięso umyć, włożyć do osolonego wrzątku, dodać liść laurowy,
ziele angielskie, cebulę, ugotować do miękkości.

Jabłko obrać, umyć, zetrzeć na tarce. Do jabłka dodać taką samą ilość świeżo startego chrzanu. Doprawić olejem roślinnym, octem, śmietaną, solą, cukrem i czarnym mielonym pieprzem. Mięso po ugotowaniu pokroić w dość grube plasterki, podawać z sosem chrzanowo-jabłkowym.

Zrazy wołowe zawijane

500 g mięsa wołowego bez kości (najlepiej polędwicy wołowej), 100 g słoniny lub wędzonego boczku, 2-3 ogórki kiszone, musztarda, 1 cebula, mąka, olej do smażenia, sól i pieprz do smaku.

Mięso umyć, pokroić w poprzek włókien na plastry, rozbić dokładnie tłuczkiem do mięsa, posolić, posypać czarnym mielonym pieprzem. Każdy plaster mięsa po jednej stronie posmarować musztardą. Słoninę lub boczek pokroić w paski. Cebulę obrać, opłukać, pokroić w plasterki. Kiszone ogórki pokroić w słupki. Na każdym plastrze mięsa układać po plasterku cebuli, pasku słoniny lub boczku, kawałku ogórka. Mięso ciasno zwinąć, zabezpieczyć wykałaczkami lub białą nitką, obtoczyć w mące, smażyć w rondlu na rozgrzanym oleju. Po podsmażeniu zrazy podlać wodą, dusić pod przykryciem na małym ogniu do miękkości.

Zrazy podawać z kaszą gryczaną lub kluskami oraz z surówką z czerwonej kapusty.

Kotlety mielone z wołowiny

500 g wołowiny bez kości, 2 jajka, 300 g ziemniaków, 80-100 ml mleka, bułka tarta, sól i pieprz do smaku.

Ziemniaki obrać, umyć, zetrzeć na tarce o drobnych otworach. Mięso dwukrotnie zemleć. Do mięsa dodać starte ziemniaki, jajka, ciepłe mleko, doprawić do smaku solą i czarnym mielonym pieprzem. Z powstałej masy formować podłużne kotleciki, obtaczać je w bułce tartej, smażyć z obu stron na złoty kolor. Po usmażeniu wstawić kotlety na kilkanaście minut do nagrzanego piekarnika.

Kotlety podawać z frytkami i surówką.

Rolada wołowa

500 g wołowiny bez kości, 150-200 g gotowanej szynki, 50 g wędzonego boczku, 1 cebula, 1 jajko, ½ szklanki śmietany, 1 czerstwa bułka, musztarda, masło, olej roślinny, bułka tarta, sól i pieprz do smaku.

Bułkę namoczyć w mleku lub wodzie. Cebulę obrać, drobno pokroić, zrumienić na maśle. Mięso razem z bułką i zrumienioną cebulką zemleć. Do masy dodać jajko, doprawić do smaku solą i czarnym mielonym pieprzem, dokładnie wyrobić. Czystą kuchenną ściereczkę zwilżyć wodą. Mięso wyłożyć w kształcie prostokąta o grubości około 1 cm, posmarować musztardą. Na mięsie pośrodku rozłożyć pokrojoną w paski szynkę zostawiając brzegi (około 2-3 cm) wolne. Przy pomocy ściereczki delikatnie zwinąć mięso na roladę.

Brytfannę wysmarować olejem roślinnym, ułożyć roladę. Wędzony boczek pokroić w spiczaste paseczki. Naszpikować roladę boczkiem, posmarować olejem roślinnym, podlać odrobiną wody i wstawić do nagrzanego piekarnika. W trakcie pieczenia podlewać roladę powstałym sosem. Pod koniec pieczenia dodać do sosu śmietanę.

Roladę podawać z pieczonymi ziemniakami i surówką.

Kotlety wołowe egzotyczne

500 g wołowiny, 150 ml mleka, 2 jajka, 50 g włoskich orzechów, 1 cebula, 50 g rodzynek, masło, olej roślinny, natka pietruszki, mąka, bułka tarta, sól i pieprz do smaku.

Mięso zemleć razem z cebulą. Dodać 1 jajko, posiekane orzechy włoskie i natkę pietruszki, rodzynki, doprawić do smaku solą i czarnym mielonym pieprzem, dokładnie wymieszać. Z masy formować okrągłe kotlety, obtaczać je w mące, następnie w rozbitym z dwoma łyżkami wody jajku, a na koniec w bułce tartej. Kotlety smażyć na rozgrzanym tłuszczu, nie dopuszczając do przypalenia.

Usmażone kotlety wstawić na kilkanaście minut do nagrzanego piekarnika.

Kotlety egzotyczne można także przygotować sauté, bez panierowania.

Kotlety najlepiej smakują podane z plasterkiem cytryny, ryżem ugotowanym na sypko i pikantnym sosem.

Kiełbaski wołowe

500 g wołowiny, olej roślinny, cebula, sól i pieprz do smaku.

Mięso umyć, dwukrotnie zemleć, doprawić do smaku solą i czarnym mielonym pieprzem, bardzo dokładnie wyrobić. Z masy formować kiełbaski o długości około 5 cm i szerokości około 2 cm. Kiełbaski posmarować olejem roślinnym, włożyć do piekarnika na ruszt, tak aby tłuszcz miał gdzie spływać. Upiec.

Kiełbaski podawać z dużą ilością upieczonej cebuli pokrojonej w plastry i białym pieczywem. Równie dobrze kiełbaski będą smakować z pieczonymi ziemniakami lub frytkami i sałatką ze świeżych pomidorów.

Pulpety wołowe

500 g wołowiny, 100 g cebuli, 50 g ryżu, 1 jajko, mały koncentrat pomidorowy, bulion wołowy, olej roślinny do smażenia, sól i pieprz do smaku.

Cebulę obrać, umyć, drobno pokroić, zrumienić na maśle lub oleju roślinnym. Wołowinę zemleć, dodać zrumienioną cebulkę, opłukany surowy ryż, jajko, doprawić do smaku solą i czarnym mielonym pieprzem, dokładnie wyrobić. Z masy formować okrągłe pulpeciki wielkości orzecha włoskiego. Na patelni rozgrzać olej roślinny, obsmażać na nim przygotowane pulpety, które po usmażeniu odsączyć z nadmiaru tłuszczu. Pulpety przełożyć do rondla, dodać liść laurowy, koncentrat pomidorowy, podlać bulionem wołowym, doprawić do smaku solą i pieprzem. Dusić pod przykryciem na małym ogniu.

Pulpety podawać z ziemniakami lub białym pieczywem.

Knedle z wołowiny

500 g wołowiny, 50 g ryżu, masło śmietankowe, 100 ml mleka lub śmietany, sól i pieprz do smaku.

Mięso umyć, trzy lub czterokrotnie zemleć. Ryż opłukać, ugotować na wodzie lub na mleku kaszę ryżową. Do przestudzonej kaszy dodać mięso, ubić dokładnie najlepiej przy pomocy miksera. Stopniowo wlewać do masy mleko lub śmietanę. Do dokładnie ubitej masy dodać sól i pieprz do smaku, formować okrągłe knedle.

W szerokim rondlu zagotować wodę, osolić. Knedle gotować w osolonym wrzątku. Po ugotowaniu wyjmować łyżką cedzakową na półmisek, polewać stopionym masłem.

Kotlety wołowe panierowane w serze

300 g wołowiny, 1 jajko, 50 ml mleka, 30 g ryżu, 1 cebula, 50 g żółtego sera, bułka tarta, masło, natka pietruszki, olej roślinny, sól i pieprz do smaku.

Mięso umyć, zemleć dwukrotnie razem z cebulą. Ryż opłukać, ugotować, przestudzić, dodać do mięsa. Natkę pietruszki posiekać, dodać razem z jajkiem i mlekiem do masy, doprawić do smaku solą i czarnym mielonym pieprzem, dokładnie wyrobić.

Z masy formować owalne kotleciki, obtaczać je w tartym serze wymieszanym z bułką tartą. Kotlety smażyć na rozgrzanym oleju roślinnym. Kotlety podawać z plasterkiem cytryny i smażonymi ziemniakami.

Kotlety mielone zapiekane z ryżem

500 g wołowiny, 150 ml mleka, 1 szklanka śmietany, 3-4 łyżki koncentratu pomidorowego, 50 g żółtego sera, 1 czerstwa bułka, masło śmietankowe, bułka tarta, natka pietruszki, 1 szklanka śmietany, 600-700 g ugotowanego ryżu, olej roślinny, sól i pieprz do smaku.

Umyte mięso zemleć w maszynce. Namoczoną wcześniej w wodzie bułkę wycisnąć i również przepuścić przez maszynkę. Dodać sól i pieprz według własnego smaku. Masę dokładnie wyrobić, formować zgrabne owalne kotleciki, obtaczać w bulce tartej i smażyć na rozgrzanym oleju roślinnym z obu stron na złoty kolor.

Naczynie do zapiekania wysmarować olejem. Na spód ułożyć ugotowany w osolonym wrzątku ryż, na to kilka łyżek koncentratu pomidorowego, następnie ułożyć obsmażone kotlety, zalać śmietaną wymieszaną ze startym żółtym serem, zapiec w gorącym piekarniku.

Przed podaniem danie polać stopionym masłem i posypać posiekaną natką pietruszki.

Wołowina duszona z grzybami

500 g wołowiny, 500 g świeżych grzybów (mogą być pieczarki), 2 cebule, 1-2 łyż-ki koncentratu pomidorowego, 2 pomidory, 2 bakłażany, masło śmietankowe, liść laurowy, natka pietruszki, sól i pieprz do smaku.

Mięso umyć, pokroić w dużą kostkę. W rondlu roztopić masło, do-dać pokrojone mięso, smażyć przez kilka minut na dużym ogniu. Na-stępnie dodać ½ szklanki wody lub bulionu (może być wołowy lub grzybowy), 1-2 łyżki koncentratu pomidorowego, liść laurowy, dopra-wić do smaku solą i czarnym mielonym pieprzem, dusić na małym ogniu do miękkości mięsa.

Grzyby oczyścić, umyć pod bieżącą wodą, położyć na sicie, aby ociekły. Na patelni zeszklić pokrojoną drobno cebulę, dodać poszat-kowane grzyby, smażyć razem przez kilka minut. Usmażone grzyby dodać razem z cebulką do mięsa, dusić razem jeszcze przez około 5-10 minut.

Bakłażany i pomidory umyć, pokroić w plastry, obsmażyć z obu stron na maśle.

Duszoną wołowinę wyłożyć na półmisek, polać sosem grzybo-wym. Obok ułożyć obsmażone pomidory i bakłażany. Przed poda-niem danie posypać posiekaną natką pietruszki.

Wołowina zapiekana w sosie cebulowym

300 g wołowiny, 200 g ziemniaków, 50 g żółtego sera, masło, liść laurowy, bułka tarta, sól i pieprz do smaku.

Sos: 3-4 duże cebule, 30 g suszonych grzybów, masło, ½ szklanki soku jabłko-wego, bulion, 3-4 łyżki koncentratu pomidorowego, 1-2 łyżki mąki, cukier, sól i pieprz do smaku.

Przygotować sos. Grzyby umyć, namoczyć, ugotować, poszatko-wać. Cebule obrać, drobno pokroić, zeszklić na maśle, dodać posieka-ne grzyby, razem wszystko obsmażyć. Następnie dodać liść laurowy, sok jabłkowy, koncentrat pomidorowy, bulion z rozprowadzoną w nim mąką, doprawić do smaku cukrem, solą i czarnym mielonym pie-przem. Dusić wszystko razem około 15-20 minut na małym ogniu.

Mięso umyć, pokroić w paski, obsmażyć ma maśle.

Ziemniaki umyć, obrać, opłukać, ugotować w osolonym wrzątku. Do odcedzonych ziemniaków dodać 2 łyżki masła i ¼ szklanki gorące-go mleka, utłuc na purée.

Do naczynia do zapiekania wlać połowę sosu cebulowego, wyłożyć na sos mięso, dookoła ułożyć purée ziemniaczane, polać pozostałym sosem, posypać tartym żółtym serem wymieszanym z bułką tartą, zapiec w nagrzanym piekarniku.

Przed podaniem danie polać stopionym masłem i posypać posiekaną natką pietruszki.

BARANINA

Baranina w sosie jogurtowym

600-700 g baraniny, 1 kg cebuli, 2 ząbki czosnku, 2 żółtka, 1-2 łyżki mąki, 1 szklanka jogurtu naturalnego, sok z ½ cytryny, liść laurowy, masło, czerwona ostra papryka, ziele angielskie, natka pietruszki, koperek, sól i pieprz do smaku.

Mięso umyć, pokroić na duże kawałki. W rondlu zagotować wodę, osolić. Do wrzątku włożyć mięso (woda powinna przykrywać całkowicie mięso), dodać liść laurowy, ziele angielskie, zagotować. Cebulę obrać, umyć, pokroić w plasterki, dodać do mięsa. Gotować na małym ogniu. Po wyparowaniu połowy płynu, bulion przecedzić, przestudzić, odlać odrobinę bulionu, rozprowadzić w nim mąkę, dodać jogurt, wlać do pozostałego bulionu, zagotować. Do gorącego sosu włożyć mięso i cebulę, doprawić sokiem z cytryny ubitym z żółtkami.

Do gotowego dania dodać według uznania czerwoną ostrą paprykę, sól, czarny mielony pieprz, posypać posiekanym koperkiem i natką pietruszki.

Baranina zapiekana z pomidorami

500 g baraniny, 400-500 g pomidorów, 2-3 cebule, 4 jajka, masło, natka pietruszki, sól i pieprz do smaku.

Mięso umyć, zemleć, obsmażyć na rozgrzanym tłuszczu. Cebulę obrać, drobno pokroić, zeszklić na tym samym tłuszczu, na którym było smażone mięso.

Naczynie do zapiekania wysmarować tłuszczem. Układać warstwami mięso, na to podsmażona cebulę, następnie obrane ze skórki i pokrojone pomidory. Wszystko doprawić do smaku solą i czarnym mielonym pieprzem. Danie zalać ubitymi jajkami, zapiec w nagrzanym piekarniku.

Przed podaniem danie udekorować posiekaną natką pietruszki.

Kebab

1 kg baraniny, 2-3 cebule, 2 jajka, 2 ząbki czosnku, tłuszcz do smażenia, sól i pieprz do smaku.

Mięso dwukrotnie zemleć razem z cebulą. Dodać jajka, zmiażdżony czosnek, doprawić do smaku solą i czarnym mielonym pieprzem, dokładnie wyrobić. Z masy formować podłużne kiełbaski, nadziewać je na patyczek do szaszłyków, piec na ruszcie w nagrzanym piekarniku lub na grillu.

Kebab podawać w bułce lub do ziemniaków, udekorować plasterkiem cytryny.

Baranina duszona w winie

500 g baraniny, 1 cebula, 1 ząbek czosnku, 1-2 łyżki koncentratu pomidorowego, ½ butelki białego wina, tymianek, liść laurowy, mąka, olej roślinny, mąka, sól i pieprz do smaku.

Mięso umyć, pokroić w dużą kostkę. W rondlu rozgrzać olej roślinny, obsmażyć na nim mięso, dodać pokrojoną cebulę, zmiażdżony czosnek, doprawić do smaku solą i czarnym mielonym pieprzem. Zalać mięso 1 szklanką wina, gotować aż wino częściowo wyparuje. Następnie wlać pozostałe wino, dodać tymianek, liść laurowy, koncentrat pomidorowy, dusić na małym ogniu pod przykryciem. Pod koniec duszenia sos zagęścić mąką.

Danie podawać na talerzach natartych ząbkiem czosnku.

Pilaw barani

500 g baraniny, 1 ½ szklanki ryżu, ½ szklanki oleju roślinnego, 1 łyżka koncentratu pomidorowego, 3 cebule, 1 ząbek czosnku, 50 g rodzynek, 30 g migdałów, woda lub bulion, koperek, cukier, sól i pieprz do smaku.

Mięso umyć, pokroić w dużą kostkę, obsmażyć na oleju, dodać posiekany czosnek, pokrojoną w plastry cebulę, podlać odrobiną wody, poddusić. Kiedy mięso będzie prawie miękkie, dodać opłukany i osuszony ryż. Po około 5 minutach dodać koncentrat pomidorowy, doprawić do smaku cukrem, solą i czarnym mielonym pieprzem, podlać odrobiną wrzątku lub bulionu, przykryć, dusić na małym ogniu czas od czasu sprawdzając ilość wody i w miarę potrzeby ją uzupełniając. Tak przyrządzony ryz powinien być sypki.

Do gotowego dania dodać umyte rodzynki, posiekane migdały i koperek. Naczynie wstawić do ciepłego piekarnika na 30-40 minut lub owinąć w papier i ściereczkę, a następnie włożyć na 1 godzinę pod koc.

Baranina duszona z ziemniakami

500 g baraniny, 500 g ziemniaków, 2 marchwie, 1 pietruszka, 2 cebule, 2 łyżki koncentratu pomidorowego, 1 łyżka mąki, 2-3 łyżki śmietany, natka pietruszki, tłuszcz do smażenia, sól i pieprz do smaku.

Mięso umyć, pokroić na spore kawałki, natrzeć solą i czarnym mielonym pieprzem, obsmażyć na rozgrzanym tłuszczu, podlać wodą lub bulionem, dodać koncentrat pomidorowy, przykryć, dusić na małym ogniu około 30-40 minut.

Ziemniaki umyć, obrać, opłukać, pokroić w kostkę. Cebule obrać, drobno pokroić. Marchew i pietruszkę pokroić w plasterki. Ziemniaki obsmażyć na rozgrzanym tłuszczu, dodać cebulę, marchew i pietruszkę, połączyć z mięsem.

Z maki zrobić zasmażkę, rozprowadzić śmietaną, dodać do mięsa, doprawić do smaku solą i czarnym mielonym pieprzem, dusić pod przykryciem około 30 minut.

Przed podaniem danie udekorować posiekaną natką pietruszki.

Szaszłyk barani

1 kg baraniny bez kości, 3-4 cebule, tłuszcz do smażenia, sok z cytryny, ocet winny, wytrawne czerwone wino, sól i pieprz do smaku.

Z soku z cytryny, octu winnego, czerwonego wytrawnego wina, soli i pieprzu przygotować marynatę. Mięso umyć, pokroić na kawałki grubości około 1 cm. Cebulę obrać, pokroić w talarki. Mięso przekładając cebulą włożyć do emaliowanego naczynia, zalać marynatą, odstawić w chłodne miejsce na 10-12 godzin.

Zamarynowane mięso nadziewać razem z cebulą na specjalne szpadki, smażyć na patelni lub w piekarniku czy elektrycznym grillu, polewając czas od czasu przyrządzoną marynatą.

Szaszłyk barani najlepiej smakuje z ugotowanym na sypko ryżem.

Baranina z grzybami

300 g baraniny, 200 g świeżych grzybów, 1 szklanka ryżu, 2 cebule, ½ szklanki śmietany, bulion grzybowy lub wołowy, natka pietruszki lub koperek, tłuszcz do smażenia, sól i pieprz do smaku.

Ryż opłukać, ugotować na pół miękko na bulionie. Mięso umyć, pokroić na małe kawałki, obsmażyć razem z pokrojoną cebulą na rozgrzanym tłuszczu. Dodać drobno pokrojone grzyby, doprawić do smaku solą i czarnym mielonym pieprzem.

Naczynie do zapiekania wysmarować tłuszczem. Wyłożyć połowę ryżu, następnie mięso wraz z grzybami i cebulą, przykryć pozostałym ryżem. Danie skropić tłuszczem, wstawić do nagrzanego piekarnika na 30-40 minut. Przed końcem pieczenia zaprawić śmietaną i posypać posiekaną natką pietruszki lub koperkiem.

Do baraniny podawać sałatkę z ogórków i pomidorów.

Baranina duszona z kapustą

500 g baraniny, 1 kg białej kapusty, 2 łyżki mąki, sól i pieprz do smaku, olej roślinny do smażenia.

Mięso umyć, pokroić na kawałki średniej wielkości, odsmażyć w rondlu na rozgrzanym oleju, podlać wodą, doprawić do smaku solą i czarnym mielonym pieprzem, dusić do miękkości. Miękkie mięso wyjąć, a do rondla włożyć poszatkowaną kapustę, dusić na małym ogniu do miękkości.

Naczynie do zapiekania wysmarować olejem roślinnym, wyłożyć mięso razem z kapustą. Do sosu pozostałego z duszenia mięsa i kapusty dodać mąkę, odrobinę wody, doprawić do smaku solą i pieprzem. Tak przygotowanym sosem zalać mięso z kapustą, wstawić do nagrzanego piekarnika na około 20-30 minut.

Gotowe danie podawać z gotowanymi ziemniakami posypanymi kminkiem.

Baranina duszona ze śliwkami

700 g baraniny, 1 cebula, 100-150 g wędzonych lub suszonych śliwek bez pestek, 1 łyżka mąki, szczypta cynamonu, masło śmietankowe, sól, cukier i pieprz do smaku.

Mięso umyć, pokroić w paski. Cebulę obrać, drobno pokroić. W rondlu rozgrzać masło, zeszklić cebulę, dodać mięso, obsmażyć, wsypać łyżkę mąki, zasmażyć, następnie mąkę rozprowadzić gorącą wodą. Sos powinien przykryć mięso. Doprawić do smaku solą, cynamonem, cukrem i pieprzem. Dusić na małym ogniu pod przykryciem. Śliwki namoczyć na noc. Dodać je do mięsa pod koniec duszenia. Danie doprawić do smaku solą, cukrem i czarnym mielonym pieprzem
Baraninę podawać z ryżem ugotowanym na sypko.

DANIA Z WARZYW I OWOCÓW

Warzywa i owoce odgrywają znaczącą rolę w żywieniu człowieka. Zawierają one dużą ilość witamin (zwłaszcza witaminy C, A, witamin z grupy B), składników mineralnych (żelazo, wapń) i kwasów organicznych.

Pełną wartość odżywczą zachowują surowe warzywa i owoce, i pod taką postacią najlepiej je spożywać. Niektóre jednak ze względu na zawartość pewnych składników nie mogą być trawione przez organizm w postaci surowej. Dotyczy to na przykład ziemniaków, grochu, fasoli, brukselki, buraków i innych warzyw.

Owoce i warzywa odgrywają znaczącą rolę w zachowaniu równowagi kwasowo-zasadowej w organizmie człowieka, są niskokaloryczne, a dzięki dużej zawartości błonnika zapewniają uczucie sytości.

KAPUSTA BIAŁA

Kapusta biała z wody

600 g kapusty białej, 2 łyżki masła, 2-3 łyżki bułki tartej, sól i cukier do smaku.

Kapustę oczyścić, umyć, podzielić na 4 części, wrzucić na wrzącą osoloną wodę z dodatkiem cukru, gotować do miękkości pod przykryciem na małym ogniu. Po ugotowaniu kapustę wyjąć, odcedzić, wyciąć głąb, ułożyć na talerzu, polać zrumienioną na maśle tartą bułką.

Surówka z białej kapusty

500 g kapusty, ¼ szklanki octu, 0,5 łyżki cukru, olej roślinny.

Główkę kapusty umyć i oczyścić z wierzchnich liści, usunąć głąb, cienko poszatkować, osolić, zgnieść rękoma, żeby kapusta była miękka. Odcisnąć sok. Wyłożyć kapustę do salaterki, dodać ocet winny wymieszany z cukrem, odstawić na pół godziny. Przed podaniem polać olejem roślinnym.

Surówka z białej kapusty z marchewką i majonezem

150 g kapusty, 10 g marchwi, 15 g majonezu.

Kapustę poszatkować, osolić, dodać startą na tarce marchew i majonez. Wszystko dokładnie wymieszać.

Sałatka z białej kapusty z marchwią i jabłkami

Mała główka kapusty, 2 marchwie, 2 jabłka, 1 cebula, ½ szklanki śmietany, cukier, sól, ocet i pieprz do smaku.

Kapustę cienko poszatkować, przełożyć do garnka, dodać sól i ocet winny. Podgrzewać na małym ogniu ciągle mieszając do momentu, aż kapusta osiądzie na dnie. Kapustę odcedzić, dodać startą na tarce marchew, pokrojoną drobno cebulę i pokrojone w kostkę obrane jabłka. Doprawić do smaku cukrem i czarnym mielonym pieprzem, polać śmietaną. Wszystko dokładnie wymieszać.

Sałatka z białej kapusty z marchwią, ogórkiem i zielonym groszkiem

Mała główka kapusty, pęczek szczypiorku, 1 marchew, 2 świeże ogórki, szklanka zielonego groszku (może być z puszki), sól i pieprz do smaku, majonez.

Kapustę umyć, usunąć głąb i grube nerwy, cienko poszatkować. Dodać pokrojony szczypior, startą na jarzynowej tarce marchew, zielony groszek, pokrojone drobno ogórki. Wszystko dokładnie osolić i popieprzyć, dodać 3 łyżki majonezu, wymieszać wszystkie składniki.

Surówka z białej kapusty i pomidorów

¼ główki białej kapusty, 2-3 pomidory, natka pietruszki, sól, olej roślinny, ocet winny.

Kapustę poszatkować, osolić, delikatnie zgnieść rękoma, dodać posiekaną natkę pietruszki. Doprawić do smaku octem i olejem roślinnym. Udekorować pokrojonymi na ćwiartki pomidorami.

Sałatka z białej kapusty i buraków

200 g białej kapusty, 1 duży lub 2 małe ugotowane lub upieczone buraki, 1 łyżka oleju roślinnego, 1 łyżeczka cukru, sól i sok z cytryny do smaku.

Kapustę cienko poszatkować, posolić, odcisnąć sok, wymieszać z pokrojonym w kostkę burakiem. Dodać cukier, sok wyciśnięty z połówki cytryny, polać olejem roślinnym. Wszystkie składniki dokładnie wymieszać.

Sałatka z białej kapusty i kiszonych ogórków

Mała główka kapusty, 2 kiszone ogórki, natka pietruszki, 3 łyżki oleju roślinnego.

Kapustę cienko poszatkować, dodać pokrojone w kostkę ogórki i posiekaną natkę pietruszki. Doprawić do smaku solą, cukrem i olejem roślinnym.

Sałatka z kapusty, jabłek, marchwi i buraków

200 g białej kapusty, 2 ugotowane marchwi, 2 kiszone ogórki, 1 ugotowany burak, 2 jabłka, ½ szklanki majonezu, ½ szklanki śmietany lub jogurtu.

Kapustę poszatkować, ogórki pokroić w pół plasterki, a marchew, burak i jabłka w kostkę. Warzywa osolić, dodać majonez wymieszany ze śmietaną lub jogurtem.

Surówka z chrzanem

¼ główki białej kapusty, 2 marchwi, 2 łyżeczki świeżo startego chrzanu (ewentualnie może być gotowy ze sklepu) , 3 łyżki octu winnego, posiekany koperek lub natka pietruszki, sól, pieprz do smaku, olej roślinny.

Umytą i pozbawioną głąbu kapustę cienko poszatkować. Marchew zetrzeć na tarce jarzynowej, dodać do kapusty, posolić. Dodać drobno starty świeży chrzan, posiekany koperek lub natkę pietruszki. Doprawić octem winnym, olejem i czarnym mielonym pieprzem. Posypać posiekanym koperkiem lub natką pietruszki.

Sałatka z białej kapusty z jajkiem

¼ główki kapusty, 1 marchew, pół puszki zielonego groszku, 2 ugotowane na twardo jajka, majonez, natka pietruszki lub koperek.

Kapustę cienko poszatkować, dodać startą marchew, zielony groszek, posiekane jajka. Wszystkie składniki dokładnie połączyć z majonezem (ewentualnie pół na pół z naturalnym jogurtem), posypać posiekanym koperkiem lub natką pietruszki.

Sałatka z białej kapusty z czosnkiem i orzechami włoskimi

600 g białej kapusty, 3 ząbki czosnku, 100 g orzechów włoskich, majonez.

Kapustę niezbyt drobno poszatkować, zalać osolonym wrzątkiem, przykryć. Po zagotowaniu wody, zdjąć przykrywkę, gotować około 5-7 minut. Orzechy i czosnek drobno posiekać lub zmiksować. Kapustę przecedzić przez gazę, dodać posiekane orzechy i czosnek. Wszystko dokładnie wymieszać. Doprawić majonezem i czarnym zmielonym pieprzem do smaku.

Kapuśniak z kiszonej kapusty

500 g kapusty kiszonej, 300-400 g wieprzowiny, 2 marchwie, korzeń pietruszki, 1 cebula, liść laurowy, sól, pieprz, ziele angielskie, śmietana, natka pietruszki.

Mięso umyć, zalać wrzącą osoloną wodą, ugotować. Pod koniec gotowania dodać pokrojoną i obsmażoną wcześniej na wieprzowym tłuszczu włoszczyznę z cebulą i pokrojone w kostkę ziemniaki. Kapustę pokroić, wrzucić do wywaru, gotować do miękkości. Na koniec dodać śmietanę i posiekaną natkę pietruszki.

Kapuśniak z kiszonej kapusty po staropolsku

500 g kapusty kiszonej, 100 g słoniny lub wędzonego boczku, kilka grzybków suszonych, cebula, mąka, sól, pieprz i kminek do smaku.

Kapustę pokroić, zalać wrzątkiem, gotować na małym ogniu. Grzyby namoczyć, pokroić w paseczki. Dodać z wodą w której się moczyły do kapusty. Wszystko razem gotować do miękkości. Słoninę lub boczek pokroić, stopić na patelni, dodać pokrojoną cebulę. Dodać mąkę, zasmażyć. Włożyć wszystko do kapusty, doprawić solą, czarnym mielonym pieprzem i kminkiem. Ziemniaki można podać oddzielnie, najlepiej gotowane w mundurkach.

Barszcz ze świeżą kapustą

100 g białej kapusty, 150 g buraków, marchew, korzeń pietruszki, cebula, ziemniaki, koncentrat pomidorowy, cukier, sól, ocet, woda lub wywar mięsny.

Marchew, pietruszkę, cebulę i buraki pokroić. Do garnka włożyć buraki, dodać wywar mięsny, cukier, ocet winny, koncentrat pomidorowy i dusić do miękkości. Na patelnię wlać olej roślinny lub inny tłuszcz, dodać pokrojone pozostałe warzywa: marchew, korzeń pietruszki, cebulę. Na koniec dodać koncentrat pomidorowy, smażyć jeszcze około 5 minut. Do wywaru dodać kapustę, ziemniaki, gotować około 10 minut. Po tym czasie dodać uduszone warzywa. Gotować wszystko razem do miękkości.

Pod koniec doprawić barszcz solą, cukrem, czarnym mielonym pieprzem i śmietaną.

Kapusta duszona z jabłkami

800 g białej kapusty, 3-4 winne jabłka, masło, mąka, cukier do smaku.

Kapustę poszatkować, włożyć do garnka, wlać odrobinę wody, dusić na małym ogniu do miękkości. Jabłka obrać, pokroić na ćwiartki, dodać do kapusty. Wszystko razem dusić. Pod koniec doprawić mąką zasmażoną na maśle, wszystko dusić jeszcze około 15 minut.

Kapusta duszona z grzybami

500 g kapusty, 250 g świeżych grzybów, ziemniaki, 100 g boczku wędzonego, mąka, wywar mięsny, sól i pieprz do smaku.

W garnku ułożyć warstwami gotowane ziemniaki, poszatkowaną kapustę i uduszone grzyby. Boczek stopić na patelni, zrobić zasmażkę z mąki. Ciągle mieszając dodać wywar, mieszać do momentu powstania gęstego sosu. Sos doprawić solą i czarnym mielonym pieprzem do smaku. Zalać nim ziemniaki, grzyby i kapustę w garnku. Przykryć pokrywką i dusić na małym ogniu do miękkości.

Kapusta duszona z ryżem

Około 1 kg kapusty, pół kostki masła, 2 cebule, 150 g ryżu, 4 pomidory, sól i pieprz do smaku.

Kapustę poszatkować. Pokrojoną cebulę podsmażyć na maśle, dodać do kapusty, podlać szklanką wody, dusić do miękkości. Następnie dodać opłukany ryż i dusić na małym ogniu. Pod koniec dodać obrane ze skórki pomidory. Doprawić do smaku solą i pieprzem.

Zapiekanka z kapusty

Duża główka kapusty, 1 cebula, 3-4 łyżki mąki, 2 szklanki mleka, 200 g żółtego sera, bułka tarta, mąka, gałka muszkatołowa, liść laurowy, sól, pieprz.

Kapustę poszatkować, wrzucić na wrzątek, gotować około 10-15 minut. Odcedzić. Na patelni rozpuścić masło, dodać mąkę, chwilę przesmażyć. Ciągle mieszając wlać powoli mleko. Dodać liść laurowy, startą gałkę muszkatołową, sól i pieprz do smaku. Mieszać do momentu zagotowania się mleka. Gotować na bardzo małym ogniu około 20-30 minut. Następnie wyjąć liść laurowy, dodać starty na tarce żółty ser (3/4 całości). Wszystko dodać do kapusty, dokładnie wymieszać. Włożyć do naczynia żaroodpornego, z wierzchu posypać startym serem wymieszanym z bułką tartą. Wstawić do nagrzanego piekarnika, zapiekać do momentu zrumienienia się sera.

Gołąbki wegetariańskie z grzybami

Główka kapusty, 100 g suszonych grzybów, 300 g ryżu, 1 cebula, szklanka śmietany, 1 mały koncentrat pomidorowy, masło, sól i pieprz do smaku.

Grzyby namoczyć, ugotować, drobno pokroić, wymieszać z ugotowanym ryżem i podsmażoną na maśle pokrojoną cebulką, dodać do smaku sól i czarny zmielony pieprz, wszystko dokładnie wymieszać. Liście kapusty sparzyć, usunąć grube nerwy. Na przygotowanych liściach układać nadzienie, założyć brzegi do środka, zawinąć w rulon, ułożyć w rondlu wyłożonym liśćmi kapusty, zalać bulionem grzybowym, dusić do miękkości pod przykryciem. Pod koniec duszenia wlać śmietanę wymieszaną z koncentratem pomidorowym.

Kotlety z kapusty

1 kg kapusty, ½ szklanki kaszy manny, 2 jajka, ½ szklanki mleka, ½ szklanki bulki tartej, masło.

Kapustę umyć, oczyścić z uszkodzonych liści, wyciąć głąb, cienko poszatkować, włożyć do garnka. Wlać do kapusty gorące mleko, przykryć pokrywką i dusić na małym ogniu około pół godziny. Do ugotowanej kapusty stopniowo dodawać kaszę mannę, ciągle mieszając. Zdjąć naczynie z ognia, lekko przestudzić. Dodać jajka, doprawić do smaku solą i czarnym mielonym pieprzem, dokładnie wyrobić. Z przygotowanej masy formować owalne kotleciki, obtaczać w bułce tartej i smażyć na silnie rozgrzanym tłuszczu na jasnozłoty kolor. Podawać z ziemniakami i sosem śmietanowym lub pikantnym pomidorowym.

KAPUSTA CZERWONA

Surówka z kapusty czerwonej z chrzanem

¼ główki czerwonej kapusty, łyżeczka świeżo startego chrzanu, 2-3 łyżki śmietany, cukier, sól, sok z cytryny do smaku.

Kapustę poszatkować, wrzucić na chwilę do wrzącej wody, odcedzić na sicie, przelać chłodną przegotowaną wodą. Pozostałe składniki wymieszać, połączyć z kapustą. Przed podaniem surówkę schłodzić w lodówce.

Sałatka z czerwonej kapusty z ziemniakami

500 g czerwonej kapusty, 200-250 g ziemniaków, olej roślinny, ocet winny i sól do smaku.

Kapustę cienko poszatkować, dodać sól. Ziemniaki ugotować w mundurkach, obrać, pokroić w kostkę lub w pół plasterki, dodać do kapusty. Sałatkę doprawić do smaku solą i octem winnym.

Bigos z czerwonej kapusty

700 g kapusty, 300 g jabłek, ¾ kostki masła, 100 ml czerwonego wina, 200-300 g kiełbasy, 2 cebule, ocet, cukier, pieprz i sól do smaku.

Kapustę poszatkować, ugotować w niedużej ilości wody. Dodać obrane i pokrojone w kostkę jabłka z cukrem. W rondlu rozpuścić masło, obsmażyć na nim pokrojoną cebulę i kiełbasę. Połączyć z kapustą i jabłkami. Dodać czerwone wino. Wszystko razem dusić do miękkości. Doprawić do smaku solą, octem winnym i czarnym mielonym pieprzem.

BRUKSELKA

Sałatka z brukselki z jajkiem

500 g brukselki, 2 jajka, pęczek szczypiorku, 1 łyżka octu winnego, 2 łyżki oleju roślinnego, cukier, sól i pieprz do smaku.

Brukselkę oczyścić, opłukać, zalać wrzącą osoloną wodą z dodatkiem cukru, zagotować pod przykryciem. Następnie odkryć na chwilę i gotować pod przykryciem około 10 minut. Ugotowaną brukselkę odcedzić, odsączyć, lekko przestudzić, włożyć do salaterki. Dodać posiekane ugotowane jajka i szczypiorek. Doprawić do smaku solą, pieprzem, polać olejem roślinnym. Wszystko dokładnie wymieszać.

Zapiekanka z brukselki

500 g brukselki, 150-200 g szynki, 100 g żółtego sera, cebula, masło, szklanka soku pomidorowego, bułka tarta, sól i pieprz do smaku.

Brukselkę poddusić na maśle razem z pokrojoną cebulą, podlać odrobiną wody lub bulionu. Dodać pokrojoną szynkę. Wszystko razem wymieszać, przełożyć do naczynia żaroodpornego wysmarowanego masłem i wysypanego bułką tartą. Zapiekankę zalać sokiem pomidorowym, posypać startym serem i zapiec w gorącym piekarniku.

Brukselka smażona w cieście

800 g brukselki, 100-150 ml mleka, 2 jaka, 100 g maki, olej roślinny, sól do smaku.

Brukselkę oczyścić, opłukać, ugotować w niedużej ilości wody do miękkości. Ugotowaną brukselkę odcedzić, odsączyć i przestudzić. Z jajek, mleka i mąki przygotować ciasto. Brukselkę zanurzać w cieście, smażyć na silnie rozgrzanym tłuszczu.

KALAFIOR

Sałatka kalafiorowa z ogórkiem i pomidorem

Kalafior, 3 ogórki, 3 pomidory, pęczek szczypiorku, majonez, sól, cukier do smaku.

Kalafior umyć, podzielić na różyczki, włożyć do wrzącej osolonej wody z dodatkiem cukru, ugotować do miękkości. Ogórki i pomidory pokroić, szczypiorek posiekać. Wszystkie składniki dokładnie wymieszać. Dodać majonez, doprawić do smaku solą i cukrem.

Sałatka kalafiorowa z rzodkiewką

Kalafior, pęczek rzodkiewki, 2 jajka, pęczek szczypiorku, olej roślinny, sok z cytryny, natka pietruszki, sól do smaku.

Kalafior umyć, podzielić na różyczki, ugotować w osolonej wodzie z dodatkiem cukru. Po ugotowaniu kalafior odcedzić, włożyć do salaterki, dodać posiekane jajka, natkę pietruszki i szczypiorek oraz pokrojoną rzodkiewkę. Doprawić do smaku sokiem z cytryny, solą i olejem roślinnym.

Sałatka kalafiorowa z sałatą i słodką papryką

Mały kalafior, sałata, 2 słodkie papryki (mogą być marynowane), 2 marchwie, majonez i sól do smaku.

Kalafior umyć, podzielić na różyczki, ugotować w osolonej wodzie, odcedzić, włożyć do salaterki. Dodać sałatę, pokrojoną marchew i paprykę, doprawić majonezem, osolić. Można dodać także ugotowane posiekane jajka i natkę pietruszki.

Kalafior smażony w cieście

Kalafior, 2 jajka, szklanka mąki, pół szklanki mleka, sól, tłuszcz do smażenia.

Kalafior oczyścić, opłukać, gotować w osolonej wodzie z dodatkiem cukru na półmiękko. Po ugotowaniu kalafior odcedzić, podzielić na różyczki. Z mąki, jajek i mleka wyrobić ciasto. Różyczki kalafiora zanurzać w cieście i smażyć na silnie rozgrzanym tłuszczu na złoty kolor.

Kalafior zapiekany z jajkami i żółtym serem

Kalafior, 4 – 5 jajek, ¾ kostki masła, 2 cebule, 3-4 łyżki mleka, 100 g żółtego sera, sól i pieprz do smaku.

Umyty i oczyszczony kalafior zalać wrzącą osoloną wodą z dodatkiem cukru. Po ugotowaniu kalafior odcedzić, podzielić na różyczki. Cebulę pokroić, podsmażyć na maśle. Jajka ubić z mlekiem. Naczynie żaroodporne wysmarować masłem, wyłożyć kalafior z podsmażoną cebulą, zalać jajkami ubitymi z mlekiem, posypać startym serem, zapiec w gorącym piekarniku.

Kalafior zapiekany z szynką

Kalafior, 300 g szynki, szklanka mleka, 3 jajka, pół kostki masła, 150 g żółtego sera, bułka tarta, sól i pieprz do smaku.

Kalafior oczyścić, umyć, podzielić na różyczki, ugotować w osolonej wodzie z dodatkiem cukru. Po ugotowaniu kalafior odcedzić. Naczynie żaroodporne wysmarować masłem i wysypać bułką tartą. Połowę porcji kalafiora ułożyć w naczyniu, na to ułożyć pokrojoną szynkę i z wierzchu resztę kalafiora. Jajka ubić z mlekiem, zalać kalafior. Danie posypać startym serem, położyć kawałki masła i zapiec w gorącym piekarniku.

ZIEMNIAKI

Sałatka ziemniaczana z kalafiorem

1 kg ziemniaków, pół małego kalafiora, 500 g fasolki szparagowej, 2 ogórki, 3-4 pomidory, 2 słodkie papryki, majonez, sól i pieprz do smaku.

Ziemniaki ugotować w mundurkach. Fasolkę szparagową i kalafior ugotować w osolonej wodzie. Ziemniaki pokroić w pół plasterki, kalafior podzielić na różyczki. W grubą kostkę pokroić ogórki, paprykę i pomidory (kilka odłożyć do dekoracji). Wszystkie składniki sałatki wymieszać, doprawić majonezem, solą i pieprzem. Przed podaniem sałatkę schłodzić.

Sałatka ziemniaczana z buraczkiem

1 kg ziemniaków, 1 średniej wielkości burak, pół puszki zielonego groszku, 2 jajka, 1 szklanka śmietany, sól i pieprz do smaku.

Buraczki wyszorować szczotką pod bieżącą wodą, ugotować pod przykryciem. Ziemniaki ugotować w mundurkach. Po ugotowaniu ziemniaki i buraczek obrać, pokroić w kostkę. Dodać zielony groszek, doprawić śmietaną, pieprzem i solą. Wszystkie składniki dokładnie wymieszać. Przygotowaną sałatkę udekorować posiekanymi gotowanymi jajkami.

Sałatka ziemniaczana z mięsem

500 g ziemniaków, 150-200 g gotowanej wołowiny, 2 ogórki, pół puszki zielonego groszku, majonez, natka pietruszki, sól do smaku.

Mięso, ugotowane ziemniaki i ogórki pokroić w kostkę, dodać zielony groszek. Wszystko dokładnie wymieszać, dodać majonez, posiekaną natkę pietruszki, doprawić do smaku solą.

Sałatka ziemniaczana z fasolą

500g ziemniaków, 1 cebula, ½ szklanki białej fasoli typu „Jaś", ocet winny, musztarda, olej roślinny, sól i pieprz do smaku.

Ugotowane w mundurkach ziemniaki obrać, pokroić w plasterki średniej grubości. Ugotować wcześniej namoczoną fasolę. Po przestudzeniu dodać do ziemniaków. Cebulę drobno pokroić, połączyć z pozostałymi składnikami. Z musztardy, octu i oleju roślinnego przygotować sos. Przygotowanym sosem polać sałatkę, doprawić do smaku solą i pieprzem.

Sałatka ziemniaczana z grzybami

500 g ziemniaków, 100-150 g szynki, 1 ogórek, 1 marchew, 2 pomidory, kilka suszonych lub świeżych grzybów, majonez, olej roślinny, sól i pieprz do smaku.

Ziemniaki obrać, umyć, usmażyć jak na frytki. Grzyby ugotować. W salaterce ułożyć dookoła usmażone ziemniaki, w środku umieścić pokrojone grzyby, szynkę, pomidory, ogórek i marchew. Część warzyw odłożyć do dekoracji. Na środku ułożyć kilka łyżek majonezu, doprawić solą i pieprzem. Sałatkę dookoła udekorować pokrojonymi w plasterki warzywami.

Babka ziemniaczana z boczkiem

1,5 kg ziemniaków, 2 cebulę, 100-150 g wędzonego boczku, 2 łyżki mąki, 2 jaka, sól i pieprz do smaku.

Ziemniaki obrać, umyć, zetrzeć na tarce o drobnych otworach. Na patelni usmażyć pokrojony boczek razem z cebulą, przestudzić, dodać do ziemniaków. Masę ziemniaczaną połączyć z jajkami i mąką, doprawić do smaku solą i pieprzem, wyłożyć do naczynia żaroodpornego i upiec w gorącym piekarniku.

Babka ziemniaczana z grzybami

1 kg ziemniaków, 1 łyżka maki, 3-4 łyżki śmietany, 150 g grzybów, 2 cebule, masło, sól do smaku.

Obrane umyte ziemniaki zetrzeć na tarce o drobnych otworach. Dodać mąkę i sól. Grzyby ugotować, następnie odsmażyć na maśle z pokrojoną cebulką. Naczynie do zapiekania wysmarować tłuszczem, wyłożyć połowę masy ziemniaczanej, następnie wyłożyć grzyby, a na nie resztę ziemniaków. Babkę wstawić do gorącego piekarnika. Po kilku minutach powierzchnię posmarować śmietaną i dalej zapiekać aż do zrumienienia. Podawać ze śmietaną.

Pierogi rosyjskie z ziemniakami i grzybami

Ciasto na pierogi: 400g maki, 1 jajko, ¾ szklanki wody, sól.

Nadzienie: 600-700 g ziemniaków, 100 g suszonych grzybów, olej, cebula, sól, pieprz.

Z podanych składników zagnieść ciasto. Ciasto rozwałkować, wykrawać szklanką krążki. Ziemniaki obrać, ugotować, przetrzeć przez praskę. Cebulę drobno pokroić. Grzyby namoczyć, ugotować, obsmażyć razem z cebulką na oleju, dodać do ziemniaków, dokładnie wymieszać, doprawić do smaku solą i pieprzem. Na każdy krążek kłaść łyżeczkę nadzienia i zlepiać brzegi pieroga. Gotować pierogi przykryte, we wrzącej osolonej wodzie. Gdy wypłyną, odkryć i gotować 2-3 minuty. Wyjąć łyżką cedzakową. Podawać polane stopionym masłem lub tłuszczem ze skwarkami.

Placek ziemniaczany

1 kg ziemniaków, 4 jajka, 2 szklanki mleka, masło, sól do smaku.

Ziemniaki obrać, umyć, ugotować w osolonej wodzie. Ugotowane ziemniaki przepuścić przez praskę, dodać gorące mleko. Po przestudzeniu dodać jajko, sól, kilka łyżek masła, dokładnie wymieszać. Naczynie żaroodporne wysmarować masłem, wyłożyć masę ziemniaczaną, zapiec w gorącym piekarniku na złoty kolor.

Zapiekanka ziemniaczana z kapustą

800 g ziemniaków surowych, 300-400 g ziemniaków gotowanych, 1 jajko, 2 łyżki mąki, pieprz i sól do smaku.

Nadzienie: 500 g kapusty, 1 cebula, 2 łyżki masła, sól, pieprz do smaku.

Ziemniaki obrać, umyć, zetrzeć na tarce o małych otworach, odcisnąć z płynu. Resztę ziemniaków obrać, umyć, ugotować w osolonej wodzie. Ugotowane ziemniaki przepuścić przez praskę. Surowe ziemniaki połączyć z gotowanymi, dodać jajko, mąkę, sól i pieprz do smaku. Kapustę umyć, usunąć głąb, poszatkować, udusić razem z pokrojoną cebulą w rondlu w małej ilości wody z dodatkiem masła. Naczynie do zapiekania wysmarować tłuszczem, kłaść warstwę masy ziemniaczanej, na to warstwę duszonej kapusty i z wierzchu ponownie warstwę masy ziemniaczanej. Przygotowaną zapiekankę należy nakłuć widelcem w kilku miejscach, polać stopionym masłem, zapiekać w gorącym piekarniku około godziny.

Zapiekanka ziemniaczana z szynką i pieczarkami

1 kg ziemniaków, 150 g szynki, 200 g pieczarek, 2 cebule, pól kostki masła, pół szklanki śmietany, ½ l drobiowego lub wołowego bulionu, 50 g żółtego sera, 1 łyżka mąki, sól.

Pieczarki, szynkę i cebulę pokroić, udusić na maśle, dodać mąkę, śmietanę i bulion, wszystko razem dusić około 15 minut. Ugotowane obrane ziemniaki pokroić w grube plastry. Naczynie do zapiekania wysmarować tłuszczem, ułożyć plasterki ziemniaków, na to duszoną szynkę z pieczarkami, zetrzeć żółty ser i zapiec w gorącym piekarniku.

Zapiekanka ziemniaczana z mięsem

1 kg ziemniaków, 1 jajko, 1 łyżka śmietany, 3 łyżki mąki ziemniaczanej, 1 – 2 łyżki bułki tartej, tłuszcz, sól do smaku.

Nadzienie: 300 g mięsa wieprzowego, 1 cebula, 1 łyżka tłuszczu, sól i pieprz do smaku.

Obrane i umyte ziemniaki ugotować w osolonej wodzie, przetrzeć przez praskę, dodać jajko, mąkę ziemniaczaną, sól, wszystko dokładnie wymieszać. Mięso pokroić w kostkę, podsmażyć na tłuszczu razem z pokrojoną cebulą, podlać bulionem lub wodą i dusić do miękkości. Uduszone mięso zemleć razem z cebulką. Naczynie do zapiekania wysmarować tłuszczem, wysypać bułką tartą, nałożyć warstwę masy ziemniaczanej, na to nadzienie, przykryć resztą masy ziemniaczanej. Zapiekankę zapiekać w gorącym piekarniku. Podawać ze śmietaną.

Bigos ziemniaczany

500 g ziemniaków, 100 g wędzonego boczku, 2-3 jabłka, 500 g kiszonej kapusty, 2 cebule, sól do smaku.

Boczek i jabłka pokroić w kostkę, a ziemniaki w plasterki. Boczek usmażyć w rondlu. Układać warstwami na boczku ziemniaki, jabłka, pokrojoną cebulę i posiekaną kiszoną kapustę, podlać bulionem lub wodą, dusić na małym ogniu pod przykryciem do miękkości.

Ziemniaki zapiekane z żółtym serem

1 kg ziemniaków, 2 żółtka jajka, ½ szklanki śmietany, 100 g żółtego sera, pół kostki masła, sól do smaku.

Ziemniaki umyć, obrać, opłukać, natrzeć solą i upiec na półmiękko w gorącym piekarniku. Z jeszcze ciepłych ziemniaków ściąć górę, wydrążyć. Wydrążony środek przetrzeć przez praskę, dodać masło, starty żółty ser, żółtka i śmietanę, sól i pieprz do smaku. Przygotowanym nadzieniem napełnić wydrążone ziemniaki, przykryć ściętą częścią, zetrzeć odrobinę żółtego sera, zapiec w gorącym piekarniku.

Pączki ziemniaczane

500 g ziemniaków, 1 jako, 4 łyżki kaszy manny, 2 łyżki oleju roślinnego, sól do smaku.

Nadzienie: 300 g białej kapusty, 2 jajka, 1 łyżka masła, sól do smaku.

Ziemniaki obrać, umyć, ugotować, jeszcze ciepłe przetrzeć przez praskę. Dodać jajko, kaszę manną, sól, dokładnie wymieszać. Kapustę umyć, poszatkować, wrzucić na chwilę do osolonego wrzątku, odcedzić na sicie. Na patelni rozpuścić masło, wrzucić kapustę, chwilę poddusić. Do nadzienia dodać posiekane gotowane jajka i sól, dokładnie wymieszać. Z masy ziemniaczanej formować okrągłe placki, na środek każdego kłaść łyżeczkę nadzienia. Brzegi placka zlepiać formując kulkę. Gotowe pączki ziemniaczane smażyć w głębokim oleju na złoty kolor.

Kotlety ziemniaczane z jabłkami

1 kg ziemniaków, 200 g jabłek, 2 jajka, 50 g maki, ¼ kostki masła, bułka tarta, olej roślinny, proszek do pieczenia, sól do smaku.

Ziemniaki ugotować w mundurkach w osolonym wrzątku. Przestudzić, obrać, przetrzeć przez praskę. Masło rozetrzeć z żółtkami, dodać do ziemniaków. Białka ubić na sztywną pianę. Do masy ziemniaczanej dodać pianę, mąkę wymieszaną z łyżeczką proszku do pieczenia, sól. Jabłka obrać, umyć, zetrzeć na tarce o dużych otworach, dodać do ziemniaków. Z masy formować owalne kotleciki, smażyć z obu stron na jasno złoty kolor. Podawać ze śmietaną lub surówkami.

Kotlety ziemniaczane z twarogiem

1 kg ziemniaków, 1 paczka twarogu, 2 jajka, ¼ kostki masła, 100g mąki, olej do smażenia, sól do smaku.

Ziemniaki wyszorować, ugotować w mundurkach w osolonej wodzie. Po ugotowaniu ziemniaki przestudzić, przepuścić przez praskę razem z twarogiem, dodać jajka, mąkę, sól, dokładnie wymieszać. Masę wyłożyć na stolnicę wysypaną mąką, podzielić na części, z każdej formować owalne kotleciki. Kotlety smażyć na gorącym oleju z obu stron na złoty kolor. Podawać ze śmietaną lub jogurtem.

Kotlety ziemniaczane z mięsem

1 kg ziemniaków, 300g mięsa wieprzowego lub drobiowego, 2 jajka, 50g mąki, 80g bułki tartej, 1 cebula, olej do smażenia, sól i pieprz do smaku.

Mięso umyć, pokroić w kostkę, obsmażyć na rozgrzanym oleju. Dodać pokrojoną cebulę, podlać wodą lub bulionem, dusić na małym ogniu pod przykryciem do miękkości. Ziemniaki ugotować w mundurkach, obrać. Mięso i ziemniaki zemleć, dodać sól, pieprz, jajka, mąkę, dokładnie wymieszać. Z masy formować wałek posypując lekko mąką, a potem ten wałek pokroić na małe kawałki, z których kształtować na dłoni kotleciki. Kotleciki obtaczać w bulce tartej, smażyć na gorącym oleju z obu stron na jasno złoty kolor. Podawać z sosem grzybowym lub pomidorowym i surówkami.

Kotlety ziemniaczane z kiszoną kapustą

1 kg ziemniaków, 800g kiszonej kapusty, 2 jajka, 4 cebule, bułka tarta, olej, sól i pieprz do smaku.

Ziemniaki wyszorować, ugotować w mundurkach. Ciepłe ugotowane ziemniaki obrać, przepuścić przez praskę. Kiszoną kapustę posiekać, dodać podsmażoną pokrojoną cebulkę, jajko, sól i pieprz do smaku, wymieszać z ziemniakami. Z masy formować owalne kotleciki, obtaczać je w bułce tartej i smażyć na rozgrzanym oleju na złoty kolor.

Ciasteczka ziemniaczane o smaku cytrynowym

500g ziemniaków, 2 jajka, 150g cukru, 1-2 łyżeczki cynamonu, torebka cukru waniliowego, starta skórka cytrynowa, ¾ kostki masła lub margaryny olej, sól do smaku.

Ziemniaki wyszorować, ugotować w mundurkach w osolonym wrzątku. Ciepłe ziemniaki obrać, przepuścić przez praskę. Dodać cukier, jajka, startą skórkę cytrynową, cynamon, masło albo margarynę. Masę dokładnie wymieszać. Deskę wysmarować olejem albo masłem, wyłożyć na nią przygotowaną masę o grubości około 1 cm, wyrównać nożem lub łopatką powierzchnię. Szklanką wykrawać krążki, kłaść na wysmarowaną olejem blachę, zapiekać w gorącym piekarniku przez około 30-40 minut. Ciasteczka podawać posypane cukrem waniliowym.

Słodki placek ziemniaczany

500g ziemniaków, 4 jajka, ½ szklanki śmietany, 6 –7 łyżek cukru, 3 łyżki masła, starta skórka cytrynowa, łyżeczka proszku do pieczenia, 5 łyżek bułki tartej, sól.

Ziemniaki ugotować lub upiec w mundurkach, przepuścić przez praskę. Masło rozetrzeć, żółtka, cukier, skórkę cytrynową, śmietanę i bułkę tartą dodać do ziemniaków. Białka ubić na sztywną pianę. Wszystko dokładnie wymieszać. Blachę do pieczenia wysmarować masłem i wysypać bułką tartą. Wyłożyć masę ziemniaczaną. Wstawić do nagrzanego piekarnika. Piec około 50-60 minut.

Tort z ziemniaków

500g ziemniaków, 500g maki, 2 jajka, ½ kostki masła lub margaryny, 300g cukru, starta skórka cytrynowa, 2 łyżeczki cynamonu, 1 łyżeczka proszku do pieczenia, torebka cukru waniliowego.

Ziemniaki ugotować w mundurkach, obrać, przepuścić przez praskę. Żółtka z cukrem utrzeć do białości. Dodać masło lub margarynę, cynamon, skórkę cytrynową, cukier waniliowy, mąkę wymieszaną z proszkiem do pieczenia, połączyć z ziemniakami. Wszystko dobrze wymieszać. Małą tortownicę wysmarować olejem i wysypać bułką tartą. Rozłożyć ciasto tortownicy. Piec około 1,5 godziny w dobrze nagrzanym piekarniku.

MARCHEW

Surówka z marchwi z chrzanem

400 g marchwi, 200 g jabłek, 1 szklanka śmietany, 70 g chrzanu, natka pietruszki, sól i cukier do smaku.

Marchew, jabłka i chrzan umyć, obrać, zetrzeć na tarce o drobnych otworach. Dodać śmietanę i posiekaną natkę pietruszki. Doprawić do smaku solą i cukrem.

Surówka z marchwi z orzechami i miodem

500 g marchwi, 30 g miodu, 100 g orzechów włoskich, sok z cytryny i sól do smaku.

Marchew obrać, zetrzeć na tarce o drobnych otworach. Posolić i skropić sokiem z cytryny. Dodać miód i posiekane orzechy włoskie, wszystko dokładnie wymieszać.

Sałatka z marchwi z zielonym groszkiem

300 g marchwi, 100 g jabłek, pół puszki zielonego groszku, majonez, sól i cukier do smaku.

Marchew umyć, ugotować. Po ugotowaniu obrać, pokroić w kostkę. Jabłka obrać i także pokroić w kostkę. Dodać odsączony zielony groszek, majonez, sól i cukier do smaku. Wszystko dokładnie wymieszać. Wyłożyć do salaterki, udekorować groszkiem i pokrojonym w cienkie plasterki jabłkiem i marchewką.

Marchew duszona z fasolą

1 kg marchwi, 250 g wędzonego boczku lub żeberek, 300g białej fasoli, 2 łyżki mąki, sól do smaku.

Fasolę umyć, namoczyć w zimnej wodzie na kilka godzin. Marchew obrać, umyć i pokroić w kostkę. Wędzone żeberka lub boczek ugotować w 1 l wody. Mięso wyjąć, pokroić. Do wywaru mięsnego włożyć pokrojoną marchew, udusić do miękkości. Fasolę ugotować w osolonej wodzie, odcedzić, połączyć z marchewką. Mąkę rozprowadzić w zimnej wodzie, dodać do potrawy, zagotować.

Zapiekanka z marchwi i twarogu

500g marchwi, 250-300g twarogu, 4 łyżki mleka, 3-4 łyżki kaszy manny, 3 jajka, ¾ szklanki śmietany, 1 łyżka cukru, bułka tarta, masło, sól do smaku.

Marchew zetrzeć na tarce. Twaróg przepuścić przez praskę. Kaszę mannę namoczyć w mleku, dodać do marchwi. Żółtka utrzeć z cukrem do białości. Białka ubić na sztywną pianę z odrobiną soli. Wszystkie składniki dokładnie połączyć. Naczynie żaroodporne wysmarować masłem i wysypać bułką tartą. Wyłożyć masę, posmarować jajkiem ubitym z 1 łyżką śmietany. Upiec w nagrzanym piekarniku. Podawać ze śmietaną.

Placki marchwiowe

500g marchwi, 3-4 jajka, 1,5 szklanki mąki, sól do smaku.

Marchew umyć, obrać, opłukać, zetrzeć na tarce o drobnych otworach. Dodać jajka, mąkę, sól. Wszystko dokładnie wymieszać. Kłaść łyżką na dobrze nagrany olej. Smażyć po obu stronach na złoty kolor.

Kotlety marchwiowe

1 kg marchwi, ½ szklanki mleka, ½ szklanki kaszy manny, 3 jajka, ½ szklanki bułki tartej, 1 łyżeczka cukru i 3 łyżki masła.

Oczyszczoną i umytą marchew cienko pokroić na talarki lub na zapałkę, włożyć do garnka, zalać gorącym mlekiem, dodać łyżkę masła, cukier, sól, następnie zakryć garnek pokrywką i dusić do miękkości na średnim ogniu, mieszając by marchew się nie przypaliła. Kiedy marchew będzie gotowa, należy ją posypać bułką tartą i mieszając dusić ok. 10 minut na małym ogniu. Następnie należy zdjąć marchew z ognia, dodając do niej żółtka jajka, dobrze wymieszać składniki i postawić garnek w chłodnym miejscu. Z ochłodzonej masy formować kotlety, obtaczać kotlety w białkach, następnie w bułce tartej i smażyć je z obu stron na złoty kolor.

Marchew duszona z ryżem

1 kg marchwi, 2 łyżki ryżu, masło, sól i cukier do smaku.

Marchew umyć, obrać, opłukać, pokroić w plasterki. Ryż opłukać, dodać do marchwi, dusić w niedużej ilości wody z odrobiną masła pod przykryciem. Doprawić solą i cukrem do smaku. Gotowe danie udekorować posiekaną natką pietruszki.

BURAKI

Sałatka z buraków z jabłkiem i chrzanem

200 g buraków, 200 g winnych jabłek, 1 łyżka startego chrzanu, 3-4 łyżki śmietany, sok z cytryny, natka pietruszki, sól i cukier do smaku.

Buraki umyć, obrać, opłukać, zetrzeć na tarce o dużych otworach. Jabłka umyć, pokroić w kostkę. Buraki wymieszać z jabłkami, dodać posiekaną natkę pietruszki, śmietanę, starty chrzan, doprawić do smaku sokiem z cytryny, solą i cukrem.

Sałatka z buraków z orzechami włoskimi i czosnkiem

500 g buraków, 2-3 ząbki czosnku, 100 g śliwek wędzonych, 100 g orzechów włoskich, majonez, sól i pieprz do smaku.

Buraki wyszorować szczotką pod bieżącą wodą, umyć, zalać wrzącą osoloną wodą, ugotować pod przykryciem. Następnie odcedzić, wystudzić, obrać, zetrzeć na tarce o dużych otworach. Do buraków dodać posiekane orzechy włoskie, pokrojone śliwki i zmiażdżony czosnek, kilka łyżek majonezu, doprawić do smaku solą i pieprzem. Wszystko dokładnie wymieszać. Przed podaniem sałatkę schłodzić w lodówce.

Buraczki nadziewane

1 kg buraków, 200-250 g mielonego mięsa, pół szklanki ryżu, szklanka śmietany, sól i pieprz do smaku.

Buraki wyszorować pod bieżącą wodą, upiec lub ugotować w osolonej wodzie. Buraki wystudzić, obrać, wydrążyć łyżeczką środek. Ryż ugotować w osolonym wrzątku na półmiękko, przestudzić, wymieszać z mielonym mięsem. Doprawić do smaku solą i pieprzem. Przygotowanym nadzieniem napełnić wydrążone buraki. Naczynie żaroodporne wysmarować tłuszczem. Układać nadziewane buraki, zapiekać w gorącym piekarniku około 20 minut. Po tym czasie zalać buraki śmietaną, wstawić do piekarnika jeszcze na kilka minut.

Buraczki zasmażane

500 g buraków, 1 cebula, ½ szklanki śmietany, 1 łyżka mąki, sól, cukier, sok z cytryny do smaku, łyżka masła.

Buraczki wyszorować, zalać osoloną wrzącą wodą, ugotować pod przykryciem. Następnie odcedzić, wystudzić, obrać i zetrzeć na tarce o drobnych otworach. Cebulę drobno pokroić, podsmażyć na maśle, dodać mąkę, razem zasmażyć. Wymieszać z buraczkami i śmietaną, zagotować, doprawić do smaku sokiem z cytryny, solą i pieprzem.

Buraczki z rodzynkami

500 g buraków, 1 cebula, 50 g rodzynków, olej roślinny, sól, cukier i sok z cytryny do smaku.

Buraki wyszorować pod bieżącą wodą, umyć, ugotować pod przykryciem w osolonym wrzątku. Po ugotowaniu buraki przestudzić, obrać, zetrzeć na tarce o dużych otworach. Rodzynki namoczyć. Cebulę drobno pokroić, podsmażyć na łyżce oleju, dodać buraki i rodzynki, wszystko razem chwilę poddusić, doprawić do smaku solą, cukrem i sokiem z cytryny.

POMIDORY

Sałatka z pomidorów z orzechami włoskimi

500 g pomidorów, 100 g orzechów włoskich, 3 ząbki czosnku, 1 duża cebula, olej roślinny, sól i pieprz do smaku.

Pomidory umyć, pokroić. Cebulę i orzechy włoskie drobno posiekać. Czosnek zmiażdżyć. Dodać kilka łyżek oleju roślinnego, sól i pieprz do smaku. Wszystko dokładnie wymieszać. Przed podaniem schłodzić w lodówce.

Sałatka z pomidorów z gotowanymi jajkami i ogórkiem

500 g dojrzałych pomidorów, 2-3 gotowane jajka, 2-3 świeże ogórki, majonez, natka pietruszki, sól i pieprz do smaku.

Pomidory umyć, pokroić w ćwiartki lub plasterki. Ułożyć na półmisku. Ogórki pokroić w plasterki, ułożyć dookoła pomidorów. Jajka i natkę pietruszki posiekać, dokładnie wymieszać, wyłożyć na półmisek. Zalać majonezem. Wszystko doprawić solą i pieprzem.

Sałatka z pomidorów i zielonego groszku

500 g pomidorów, ½ puszki zielonego groszku, majonez, natka pietruszki, sól i pieprz do smaku.

Pomidory umyć, pokroić, dodać odsączony groszek, kilka łyżek majonezu i posiekaną natkę pietruszki. Doprawić do smaku solą i pieprzem. Można dodać także posiekane ugotowane na twardo jajka. Wszystko dokładnie wymieszać. Przed podaniem schłodzić w lodówce.

Pomidory nadziewane wędzoną rybą

800 g pomidorów, 1 świeży ogórek, 1 wędzona makrela (lub inna ryba), 1 ły-żeczka musztardy, 1 łyżeczka octu winnego, 1 łyżka oleju roślinnego, 1 cebula, natka pietruszki, koperek, sól i pieprz do smaku.

Ogórek obrać, pokroić w kostkę. Makrelę obrać ze skóry, wyjąć kręgosłup z ośćmi, mięso pokroić, dodać olej, ocet winny, musztardę, posiekaną natkę pietruszki i koperek. Wymieszać z pokrojoną drobno cebulą i ogórkiem. Doprawić do smaku solą i pieprzem. Pomidory umyć, ściąć czubki, wydrążyć środki specjalną łyżeczką. Gotowym nadzieniem napełnić pomidory. Podawać na liściach sałaty, z posypaną zieleniną.

Pomidory nadziewane żółtym serem

500 g pomidorów, ½ kostki masła, 2 cebule, 200 g żółtego sera, 1 jajko, ½ szklanki śmietany lub jogurtu, natka pietruszki, sól i pieprz do smaku.

Pomidory umyć, ściąć czubki, wydrążyć, odstawić do obeschnięcia na około 30 minut. Z wydrążonych środków pomidorów, połowy porcji masła i drobno pokrojonej cebuli przygotować sos. Na maśle podsmażyć cebulę, dodać pomidory, wszystko razem udusić, doprawić solą. Gotowy sos przetrzeć przez sito. Żółty ser zetrzeć na tarce, wymieszać z ubitym jajkiem, solą, pieprzem i posiekaną natką pietruszki. Nadzieniem tym napełnić wydrążone pomidory, na środek każdego ułożyć mały kawałek masła. Naczynie do zapiekania wysmarować tłuszczem. Ułożyć pomidory, zalać sosem, wstawić do niezbyt gorącego piekarnika, upiec. Przed podaniem sos pomidorowy wymieszać z jogurtem lub śmietaną, posypać posiekaną natką pietruszki. Podawać z kaszą kukurydzianą lub kus-kus.

Pomidory nadziewane grzybami

800 g pomidorów, 100 g grzybów (suszonych mniej), majonez, 100 g szynki, 1 cebula, natka pietruszki, sól i pieprz do smaku.

Pomidory umyć, ściąć czubki, wydrążyć środki specjalną łyżeczką, odstawić do obeschnięcia na około 30 minut. Grzyby ugotować, pokroić. Szynkę pokroić w paseczki, cebulę w drobną kostkę, natkę pietruszki posiekać. Wszystko dokładnie wymieszać. Doprawić do smaku solą i pieprzem. Przygotowanym nadzieniem napełnić wydrążone pomidory. Na każdym pomidorze ułożyć łyżeczkę majonezu. Pomidory podawać schłodzone na liściach sałaty oblanej odrobiną oleju roślinnego i octu winnego.

Pomidory duszone z grzybami

800 g pomidorów, 100 g grzybów (suszonych mniej), ¼ kostki masła, pół szklanki śmietany, 1 cebula, natka pietruszki, koperek, mąka, sól i pieprz do smaku.

Pomidory umyć, sparzyć, obrać ze skórki, pokroić w plasterki lub na ćwiartki. W rondlu rozpuścić masło. Na małym ogniu udusić pomidory dodając odrobinę mąki. Następnie dodać śmietanę, doprawić do smaku solą i pieprzem, posypać posiekaną natką pietruszki i koperkiem. Grzyby ugotować (suszone wcześniej namoczyć), udusić na maśle z pokrojoną drobno cebulką, dodać do pomidorów.

Pomidory smażone

500 g pomidorów, 3 jajka, pół szklanki oleju roślinnego, bułka tarta, śmietana, sól i pieprz do smaku.

Pomidory umyć, pokroić w plasterki o grubości około 1 cm. Doprawić solą i pieprzem, obtoczyć w roztrzepanych jajkach, a następnie w bułce tartej. Smażyć na oleju z obu stron na złoty kolor. Przed podaniem polać śmietaną. Podawać do ziemniaków, mięs smażonych lub duszonych.

Pomidory zapiekane

500 g pomidorów, 2 cebule, 2 słodkie papryki, 100 g ryżu, koncentrat pomidorowy, 100 g żółtego sera, olej, sól, pieprz do smaku, natka pietruszki.

Cebulę obrać, pokroić w drobną kostkę, podsmażyć razem z pokrojoną w paski słodką papryką, podlać odrobiną wody, dodać koncentrat pomidorowy, dusić do miękkości. Doprawić do smaku solą i pieprzem. Ryż opłukać, ugotować w osolonym wrzątku. Pomidory umyć, sparzyć, obrać ze skórki, pokroić w plastry. Naczynie do zapiekania wysmarować tłuszczem, układać warstwami ryż, duszoną paprykę, pomidory. Wszystko doprawić solą, pieprzem i posiekaną natką pietruszki. Całość posypać startym żółtym serem, zapiec w gorącym piekarniku.

OGÓRKI

Sałatka z ogórków, słodkiej papryki i pomidorów

3-4 świeże ogórki, 3-4 słodkie papryki, 2 pomidory, szklanka śmietany lub jogurtu, koperek, sok z cytryny, sól i pieprz do smaku.

Ogórki umyć, pokroić w plasterki. Słodką paprykę umyć, oczyścić, pokroić w paseczki, dodać do ogórków, skropić sokiem z cytryny, doprawić do smaku solą i czarnym mielonym pieprzem. Wymieszać ze śmietaną i pokrojonymi w plasterki pomidorami. Udekorować posiekanym koperkiem.

Ogórki z jogurtem i majonezem

3-4 świeże ogórki, szklanka jogurtu, 3-4 łyżki majonezu, 1 żółtko, koperek, sól i pieprz do smaku.

Ogórki umyć, obrać, pokroić w plasterki. Wrzucić do osolonego wrzątku, gotować na małym ogniu około 10 minut. Przygotować sos. Żółtko ubić z jogurtem, dodać majonez, doprawić do smaku solą i pieprzem. Koperek posiekać, połączyć z sosem, ubić. Ogórki odcedzić, zalać przygotowanym sosem. Udekorować posiekanym koperkiem. Podawać z grzankami.

Ogórki duszone ze śmietaną

500 g ogórków, ½ szklanki śmietany, 2 łyżeczki koncentratu pomidorowego, 1 łyżka mąki, masło, sól i pieprz do smaku.

Ogórki umyć, obrać, pokroić w plasterki, doprawić do smaku solą i pieprzem. Obtoczyć w mące, smażyć na maśle z obu stron. Usmażone ogórki włożyć do rondla, dodać śmietanę, koncentrat pomidorowy, przykryć pokrywką i dusić na małym ogniu do miękkości. Przed podaniem danie udekorować posiekaną zieleniną.

Ogórki nadziewane

1 kg ogórków, 200-250 g mięsa wieprzowego lub drobiowego, 2 jajka, 100 g ryżu, śmietana, koncentrat pomidorowy, 1 cebula, natka pietruszki, sól i pieprz do smaku.

Ogórki obrać, umyć, przekroić wzdłuż na połówki, wydrążyć środki. Mięso ugotować, zemleć lub drobno posiekać. Dodać ugotowany w osolonej wodzie ryż, posiekane ugotowane na twardo jajka, podsmażoną drobno pokrojoną cebulę, posiekaną natkę pietruszki. Doprawić do smaku solą i pieprzem. Przygotowanym nadzieniem napełnić wydrążone połówki ogórka. Ułożyć w naczyniu wysmarowanym tłuszczem, polać tłuszczem i wodą, upiec w piekarniku. Pod konie pieczenia dodać śmietanę wymieszaną z łyżką koncentratu pomidorowego. Zamiast mięsa można dodać grzyby świeże lub suszone, ewentualnie pieczarki.

PAPRYKA

Sałatka ze słodkiej papryki z ogórkami

2-3 ogórki, 2 słodkie papryki, 1 pomidor, cebula, śmietana, sól do smaku.

Ogórek obrać, pokroić w kostkę razem z papryką. Paprykę obrać, pokroić w paski, cebulę i pokroić w drobną kostkę. Wszystkie składniki dokładnie wymieszać, osolić, dodać śmietanę. Przed podaniem udekorować natką pietruszki i plasterkami warzyw.

Sałatka ze słodkiej papryki i orzechów włoskich

500 g słodkiej papryki, 50-80 g orzechów włoskich sok z cytryny, sól i pieprz do smaku, pół szklanki śmietany.

Paprykę oczyścić, opłukać, upiec w piekarniku. Następnie przestudzić, obrać ze skórki. Czosnek obrać, posiekać razem z orzec ami,
dodać sól, śmietanę, czarny mielony pieprz, sok z cytryny. Pap ykę
pokroić w paseczki, zalać śmietaną. Przed podaniem udekorować posiekanym koperkiem.

Słodka papryka nadziewana warzywami

*200 g słodkiej papryki, 2 pomidory, 1 marchew, 1 cebula, 4-5 łyżek śmietany, sok
z cytryny, sól i pieprz do smaku.*

Paprykę umyć, oczyścić. Cebulę drobno pokroić. Marchew zetrzeć
na tarce o dużych otworach. Pomidory umyć, pokroić w kostkę. Cebulę, marchew i pomidory wymieszać. Dodać śmietanę. Doprawić do
smaku solą i czarnym mielonym pieprzem. Wszystko dokładnie wymieszać. Oczyszczoną paprykę napełniać przygotowanym nadzieniem, polać całość śmietaną. Przed podaniem schłodzić w lodówce.

Słodka papryka nadziewana ryżem i mięsem

*1 kg słodkiej papryki, pół szklanki ryżu, 250 g mielonego mięsa, 1 cebula, kon-
centrat pomidorowy, olej, sól i pieprz do smaku.*

Paprykę umyć, oczyścić. Ryż ugotować w osolonym wrzątku na
półmiękko. Cebulę drobno pokroić, podsmażyć na oleju. Mięso wymieszać z ryżem i cebulą. Doprawić do smaku solą i pieprzem. Paprykę nadziewać przygotowanym nadzieniem. Ściśle ułożyć w rondlu
ściętą częścią do góry. Podlać wodą, przykryć, dusić pod przykryciem
na małym ogniu. Pod koniec duszenia dodać 2-3 łyżki koncentratu
pomidorowego. Sos doprawić solą i pieprzem. Można dodać posiekaną natkę pietruszki lub koperek.

Słodka papryka nadziewana twarogiem

*1 kg słodkiej papryki, 250-300 g twarogu, 4 pomidory, 2 jaka, olej roślinny, sól
i pieprz do smaku, natka pietruszki.*

Paprykę umyć, oczyścić. 2 pomidory umyć, pokroić w drobną kostkę. Do twarogu dodać jajka, pomidory, posiekaną natkę pietruszki,

sól. Wszystko dokładnie wymieszać. Oczyszczoną paprykę napełnić przygotowanym nadzieniem. Naczynie do zapiekania wysmarować olejem, ułożyć paprykę. Pomiędzy nią ułożyć cząstki pozostałych pomidorów. Podlać odrobiną wody, zapiec w gorącym piekarniku.

Papryka nadziewana smażona w cieście

500 g słodkiej papryki, 3 jajka, 2-3 łyżki mąki, 2 łyżki wody.

Nadzienie: 200 g żółtego sera lub 150 g mięsa, cebula, tłuszcz, sól i pieprz.

Sos: 1 cebula, 1 ząbek czosnku, 1 łyżka oleju, 1 koncentrat pomidorowy, 200 ml mięsnego bulionu, sól, pieprz, majeranek.

Słodką paprykę przekroić wzdłuż na pół, oczyścić, umyć. Włożyć do miski, zalać wrzątkiem, odstawić na 20-25 minut. Mięso ugotować, posiekać, podsmażyć razem z drobno pokrojoną cebulą. Doprawić do smaku solą i pieprzem. Przygotowane papryki napełnić pokrojonym w kostkę serem lub nadzieniem mięsnym. Połączyć połówki papryki, obwiązać białą nitką. Żółtka wymieszać z wodą i mąką. Osobno ubić białka, dodać do ciasta. Przygotowane papryki zanurzać w cieście, smażyć na gorącym oleju. Po usmażeniu wyłożyć na papierowy ręcznik do wchłonięcia nadmiaru tłuszczu. Podawać z sosem. Czosnek i cebule drobno posiekać, odsmażyć w niedużej ilości tłuszczu, dodać koncentrat pomidorowy i bulion mięsny, gotować około 10-15 minut na małym ogniu. Gotowy sos przetrzeć przez sito, zagotować, dodać majeranek, doprawić do smaku solą i pieprzem. Nadziewane papryki włożyć do sosu, podgrzewać około 5 minut. Papryka może być przygotowana dzień wcześniej, a w dniu następnym wystarczy przygotować sos, w którym się je odgrzewa.

Papryka nadziewana sardynkami

1 kg słodkiej papryki, 1 puszka sardynek w oleju, 1 szklanka ryżu, 1 jajko, natka pietruszki, olej, sól i pieprz do smaku.

Paprykę umyć, oczyścić. Ryż ugotować w osolonym wrzątku. Sardynki rozdrobnić widelcem, dodać ugotowany ryż i posiekane ugotowane na twardo jajko. Doprawić do smaku solą i pieprzem. Wymieszać z posiekaną natką pietruszki. Przygotowanym nadzieniem napełnić paprykę. W rondlu rozgrzać olej, odsmażyć na nim nadziewaną paprykę. Podlać odrobiną wody, dusić na małym ogniu około 15 minut. Podawać z pieczywem.

Zielona papryka na sposób chiński

500 g zielonej papryki, 150-200 g schabu wieprzowego bez kości, sos sojowy, mąka ziemniaczana, olej, natka pietruszki.

Sos: 2-3 łyżki czerwonego wytrawnego wina, sól, cukier, natka pietruszki.

Mięso pokroić w cieniutkie paseczki. 1 łyżkę mąki ziemniaczanej rozprowadzić wodą. Dodać sos sojowy i posiekaną natkę pietruszki. Włożyć mięso, odstawić na co najmniej 1 godzinę do marynowania. Paprykę oczyścić, umyć, pokroić w paski. Wymieszać wszystkie składniki sosu. Olej rozgrzać na patelni. Krótko obsmażyć mięso (trzymać na ogniu około 30 sekund). Mięso wyjąć, wrzucić na olej paprykę. Również krótko obsmażyć. Dodać mięso, wlać sos, dusić kilka minut.

FASOLA I GROCH

Sałatka z fasoli z mięsem

1 szklanka fasoli, 2-3 ogórki kiszone, 150-200 g mięsa wołowego lub wieprzowego bez kości, 2 jajka, 1 cebula, majonez, sól i pieprz do smaku.

Mięso umyć, ugotować, pokroić w cienkie paseczki. Fasolę namoczyć, ugotować w osolonej wodzie, odcedzić. Cebulę drobno pokroić, sparzyć na sitku wrzątkiem. Jajka ugotować na twardo, posiekać. Ogórki pokroić w kostkę. Wszystkie składniki wymieszać, dodać majonez, doprawić solą i pieprzem. Przed podaniem schłodzić w lodówce.

Jest do bardzo pożywna sałatka, która może stanowić samodzielne danie.

Fasola duszona z ziemniakami

1 szklanka fasoli, 500 g ziemniaków, 1 cebula, kilka łyżek śmietany, koncentratu pomidorowego i masła, sól i pieprz do smaku.

Fasolę umyć, namoczyć, ugotować w osolonej wodzie. Ziemniaki obrać, umyć, ugotować. Ugotowane ziemniaki pokroić w plasterki, podsmażyć, wymieszać z fasolą. Cebule drobno pokroić, podsmażyć na maśle, wymieszać z fasolą. Dodać koncentrat pomidorowy, śmietanę. Doprawić do smaku solą i pieprzem. Dusić na małym ogniu przez kilka minut.

Kotlety z fasoli

2 szklanki fasoli, 1 sucha bułka, 2 cebule, ¼ szklanki mleka, 2 jajka, 20 g suszonych grzybów, śmietana, 1 łyżka mąki, 1- 2 łyżki bulki tartej, masło, natka pietruszki.

Fasolę przebrać, umyć, namoczyć. Ugotować w osolonej wodzie. Cebulę obrać. Fasolę odcedzić, zemleć razem z cebulą i namoczoną w mleku bułką. Dodać jajka, doprawić do smaku solą i pieprzem. Z przygotowanej masy uformować podłużny wałek, pokroić w poprzek na kawałki, z których formować owalne kotleciki. Kotlety obtoczyć w bułce tartej. Smażyć na silnie rozgrzanym tłuszczu na złoty kolor. Przygotować sos grzybowy. Grzyby umyć, namoczyć, ugotować w osolonej wodzie. Podsmażyć na maśle razem z posiekaną cebulką. Dodać mąkę, przesmażyć. Wlać śmietanę, zagotować, doprawić do smaku solą i pieprzem. Kotlety podawać z sosem. Udekorować posiekaną natką pietruszki.

Biała fasola po włosku

500 g białej fasoli, 2-3 ząbki czosnku, 1 pomidor, ¼ selera, sól, pieprz, olej roślinny lub masło, szałwia.

Fasolę umyć, namoczyć na noc w zimnej wodzie. Następnego dnia dodać do fasoli 2-3 łyżki masła lub oleju roślinnego, zmiażdżony czosnek, szałwię, pokrojony na cząstki pomidor i pokrojony w kostkę seler. Wszystko doprawić do smaku solą i pieprzem, wstawić na mały ogień i gotować około 2 godzin. Danie powinno mieś konsystencję zupy. Podawać z białym pieczywem.

Z tych samych składników można przygotować także drugie danie. Gałązkę rozmarynu, szałwię i 1 ząbek czosnku należy podsmażyć na maśle lub oleju. Dodać 1-2 łyżki koncentratu pomidorowego. Do sosu dodać ugotowaną poprzedniego dnia fasolę, wymieszać, dusić razem około 10-15 minut. Podawać jako drugie danie z białym pieczywem.

Fasola zapiekana z cebulą

300 g fasoli, 1 kg cebuli, olej roślinny, sól, pieprz, czerwona mielona papryka.

Fasolę umyć, namoczyć na noc w zimnej wodzie. Następnego fasolę ugotować w osolonej wodzie, odcedzić. Cebule obrać, umyć, pokroić w plasterki, obsmażyć na oleju, doprawić solą, czarnym mielonym pieprzem, czerwoną mieloną papryką. Naczynie do zapiekania wysmarować tłuszczem. Układać warstwami fasolę i smażoną cebulę (górną warstwę powinna stanowić fasola), podlać wodą, w której się gotowała fasola i olejem roślinnym, wstawić do gorącego piekarnika. Zapiekać około 20-25 minut. Podawać jako samodzielne danie z pieczywem.

Zupa grochowa z warzywami

500 g grochu, 200 g marchwi, 1 cebula, seler, pietruszka, masło, koperek, sól i pieprz do smaku.

Groch umyć, namoczyć na noc w osolonej wodzie. Następnego dnia ugotować. Cebulę obrać, umyć, pokroić w kostkę, podsmażyć na oleju. Dodać drobno pokrojone pozostałe warzywa, smażyć około 5 minut. Warzywa dodać do grochu, gotować razem do miękkości. Zupę doprawić do smaku solą i pieprzem. Przed podaniem posypać posiekanym koperkiem.

Puree z grochu

500 g grochu, 100 g wędzonego boczku, 1 cebula, sól i pieprz do smaku.

Groch przebrać, umyć, namoczyć na noc. Następnego dnia groch ugotować w osolonej wodzie. Cebulę obrać, umyć, pokroić w kostkę. Boczek pokroić w kostkę, stopić, dodać cebulę, podsmażyć, włożyć do grochu pod koniec gotowania. Miękki groch zmiksować lub zemleć, doprawić do smaku solą i pieprzem. Podawać do mięsa.

JABŁKA

Sałatka z jabłek i marchwi

3-4 jabłka, 4 marchwie, 1 szklanka rodzynek, kilka łyżek śmietany.

Marchew zetrzeć na tarce o drobnych otworach. Jabłka pokroić w paseczki. Rodzynki umyć, zalać na kilka minut wrzątkiem, odcedzić. Wszystkie składniki wymieszać. Dodać kilka łyżek śmietany. Można dodać odrobinę cukru.

Sałatka z jabłek i buraczków

2-3 jabłka, 2 średniej wielkości buraczki, 2 ząbki czosnku, majonez lub śmietana, sól, natka pietruszki.

Buraczki wyszorować, ugotować lub upiec w piekarniku. Następnie przestudzić, obrać i zetrzeć na tarce o dużych otworach. Czosnek zmiażdżyć, rozetrzeć razem z solą. Dodać do buraczków. Jabłka zetrzeć na tarce o dużych otworach, wymieszać z buraczkami. Doprawić do smaku solą, dodać majonez lub śmietanę. Udekorować posiekaną natką pietruszki. Przed podaniem schłodzić w lodówce.

Sałatka z jabłek i słodkiej papryki

2 –3 jabłka, 2 słodkie papryki, 1 cebula, sok pomidorowy, ząbek czosnku, olej roślinny, natka pietruszki, koperek.

Paprykę oczyścić, umyć, pokroić w paseczki, zalać wrzątkiem, odcedzić, przestudzić. Jabłka obrać, zetrzeć na tarce o dużych otworach, wymieszać z papryką. Do oleju roślinnego dodać ¼ szklanki soku pomidorowego. Cebulę pokroić w drobną kostkę. Czosnek zmiażdżyć. Natkę pietruszki i koperek posiekać. Do sosu dodać przygotowaną cebulę, czosnek i zieleninę. Jabłka z papryką wyłożyć do salaterki, zalać sosem. Przed podaniem schłodzić w lodówce.

Sałatka z jabłek z szynką

1-2 jabłka, 100 g szynki, 60-70 g ryżu, 1 cytryna, 1 mała cebula, 1 świeży ogórek, szczypiorek, majonez, sól i pieprz do smaku.

Ryż opłukać, ugotować w osolonym wrzątku. Jabłka pokroić w kostkę, skropić sokiem z cytryny. Szynkę pokroić w paski. Cebulę i ogórek pokroić w kostkę. Szczypiorek posiekać. Wszystkie składniki wymieszać. Dodać majonez. Doprawić solą i czarnym mielonym pieprzem. Przed podaniem schłodzić i udekorować plasterkami jabłka i cytryny.

Zapiekanka z jabłek i ziemniaków

500 g jabłek, 300-350 g gotowanych ziemniaków, 5 jajek, ½ kostki masła, 70 g orzechów włoskich, 70 g cukru, sok z 1 cytryny, .

Gotowane ziemniaki pokroić w plasterki, odsmażyć na maśle, przestudzić. Dodać posiekane orzechy, żółtka jajek utarte z cukrem, startą skórkę cytrynową, wyciśnięty sok z cytryny, pokrojone w plasterki jabłka. Białka ubić na sztywną pianę, dodać do reszty składników, wymieszać. Naczynie do zapiekania wysmarować masłem, wstawić do gorącego piekarnika do zapiekania. Zapiekankę podawać na zimno lub ciepło. Przed podaniem można polać syropem owocowym.

Placuszki z jabłek

2-3 jabłka, 4 marchwie, 2-3 łyżki kefiru, 2 jajka, 2 łyżki kaszy manny, 2 łyżki cukru, ½ łyżeczki sody, sól, olej roślinny do smażenia.

Marchew umyć, obrać, opłukać, zetrzeć na tarce o drobnych otworach. Dodać 2 łyżki kaszy manny, ubite jajka, kefir, sodę, sól. Odstawić na 20-30 minut. Jabłka zetrzeć na tarce o dużych otworach, dodać do ciasta. Wymieszać. Na patelni rozgrzać olej. Kłaść łyżką na rozgrzany tłuszcz ciasto. Smażyć placuszki z obu stron na złoty kolor. Podawać posypane cukrem pudrem lub ze śmietaną.

Kotlety z jabłek

5 jabłek, 4 marchwie, 1-2 łyżki kaszy manny, 1 jajko, 3-4 łyżki mleka, kilka łyżek masła, cukier i sól do smaku.

Marchew umyć, obrać, opłukać, pokroić w drobne paseczki. Włożyć do rondla razem z masłem i mlekiem, dodać cukier, sól, pokrojone w plasterki jabłka, dusić około 10-15 minut. Po przestudzeniu dodać jajko, 1-2 łyżki kaszy manny. Wyrobić masę na kotlety. Z przygotowanej masy formować owalne kotleciki, obtaczać w bułce tartej, smażyć z obu stron na złoty kolor. Podawać ze śmietaną.

Jabłka zapiekane z ryżem

500 g jabłek, 60 g ryżu, ¾ szklanki mleka, 40 g cukru, cukier waniliowy, 50 g rodzynek, 1 jajko, masło, sok z cytryny.

Na mleku ugotować kaszę ryżową. Osłodzić do smaku. Po lekkim przestudzeniu dodać rodzynki, jajko, 1-2 łyżki masła, cukier waniliowy, wymieszać. Jabłka zetrzeć na tarce, skropić sokiem z cytryny, osłodzić. Naczynie do zapiekania wysmarować masłem. Układać warstwami ugotowaną kaszę ryżową i jabłka. Z wierzchu ułożyć kawałki masła, zapiec w gorącym piekarniku.

DANIA Z RYB

Wartość odżywcza ryb z powodzeniem może konkurować z wartością mięsa, zwłaszcza jeśli chodzi o zawartość białka, które jest łatwiej przyswajalne niż białko pochodzenia zwierzęcego.

Ryby zawierają dużą ilość witamin (zwłaszcza A i D) i składników mineralnych. W rybach znajduje się spora ilość żelaza, siarki, magnezu, jodu. Dietetycy uważają, że dorosły człowiek powinien spożywać co najmniej dwa posiłki rybne tygodniowo.

Duża różnorodność i łatwa dostępność ryb na rynku (jak świeżych tak i mrożonych) pozwala na urozmaicenie sposobów przyrządzania i podkreślenie walorów smakowych dań rybnych.

Ryba w sosie słodko-kwaśnym

500 g ryby (może być szczupak, lin, sandacz lun pstrąg), 2 jajka, mąka kukurydziana, olej roślinny.

Sos: 1 łyżka koncentratu pomidorowego, 1 łyżeczka octu winnego, 1 łyżka cukru, 1-2 łyżki mąki ziemniaczanej lub kukurydzianej, 1-2 łyżki koniaku lub brandy, 1 łyżka oleju roślinnego, 1-2 łyżki bułki tartej, 1 łyżeczka imbiru.

Rybę oskrobać, wypatroszyć, umyć, pokroić na kawałeczki, nasolić. Olej roślinny rozgrzać na patelni. Jajka ubić. Kawałki ryby zanurzać w roztrzepanym jajku, a następnie w mące kukurydzianej (ewentualnie może być pszenna). Smażyć na rozgrzanym oleju z obu stron około 4-5 minut, dodać przygotowanym sos słodko-kwaśny, dusić razem około 2-3 minut.

Przygotowanie sosu: rozgrzać olej roślinny, obsmażyć na oleju bułkę tartą wymieszaną z imbirem. Mąkę ziemniaczaną wymieszać z cukrem, koncentratem pomidorowy, octem winnym, koniakiem lub brandy, dokładnie wymieszać do uzyskania jednorodnej masy (w razie potrzeby można dodać odrobinę wody). Masę dodać do bułki tartej, gotować około 5 minut na małym ogniu.

Ryba duszona

500 g ryby, 400-500 g ziemniaków, 1 cebula, 2 łyżki mąki, natka pietruszki, ziele angielskie, liść laurowy, włoszczyzna, masło lub olej roślinny, sól i pieprz do smaku.

Włoszczyznę obrać, umyć, włożyć do niedużej ilości wrzątku, dodać ziele angielskie, liść laurowy, przekrojoną na pół cebulę, doprawić do smaku solą i pieprzem, gotować na małym ogniu. Do wywaru włożyć oczyszczoną, wypatroszoną i umytą rybę, gotować na bardzo małym ogniu.

Z masła lub oleju i mąki przygotować jasną zasmażkę, dodać do niej odrobinę rybnego wywaru, doprawić do smaku solą i pieprzem.

Ziemniaki obrać, umyć, ugotować, pokroić w plasterki. Na półmisku ułożyć ziemniaki, na nie ugotowaną rybę, zalać sosem, udekorować posiekaną natką pietruszki.

Ryba zapiekana w pomidorach

500 g łososia lub innej ryby, 4 pomidory, 1 marchew, 1 cebula, olej roślinny, 1 łyżka masła, 1 łyżka mąki, 5 g żółtego sera, natka pietruszki ub koperek, sól i pieprz do smaku.

Naczynie do zapiekania wysmarować olejem roślinnym, ułożyć osolone kawałki ryby. Dodać okrojoną w cienkie plasterki marchew, w ćwiartki pomidory, w piórka cebulę. Naczynie przykryć, wstawić do nagrzanego piekarnika na około 20 minut.

Z masła i mąki przygotować jasną zasmażkę, dodać odrobinę wody lub bulionu rybnego, posiekaną natkę pietruszki lub koperek, doprawić do smaku solą i czarnym mielonym pieprzem.

Przygotowanym sosem zalać rybę, posypać startym żółtym serem, zapiekać około 10- 15 minut w piekarniku.

Rybę podawać z białym pieczywem i świeżą sałatą.

Ryba duszona z ryżem

700 g filetów rybnych, 2 cebule, 1 ząbek czosnku, ½ kg pomidorów (ewentualnie może być koncentrat pomidorowy), 1 szklanka ryżu, 1 lampka białego wytrawnego wina, olej roślinny, sól, pieprz i majeranek do smaku.

Ryż opłukać, zalać dużą ilością osolonego wrzątku. Cebulę obrać, drobno pokroić, obsmażyć na oleju, dodać zmiażdżony ząbek czosnku, pokrojone, obrane ze skórki pomidory (ewentualnie koncentrat pomidorowy), dusić na małym ogniu. Ryż ugotowany na pół miękko odcedzić na sicie, dodać pomidory i białe wino, doprawić do smaku solą, czarnym mielonym pieprzem, majerankiem.

Rybę umyć, pokroić w dużą kostkę, ułożyć na ryż, przykryć naczynie pokrywką, dusić na małym ogniu do miękkości.

Ryba smażona w cieście

500 g ryby, sok z cytryny, sól i pieprz do smaku.

Ciasto: ½ szklanki jasnego piwa, 1 jajko, mąka, 1 łyżka oleju roślinnego, sól do smaku.

Białka jajka osolić, ubić na sztywną pianę. Z żółtka, piwa, oleju roślinnego i mąki sporządzić ciasto, dodać ubitą pianę z białek, delikatnie wymieszać.

Rybę wypatroszyć, umyć, doprawić do smaku solą i czarnym mielonym pieprzem, skropić sokiem z cytryny, pokroić na kawałki. Kawałki ryby zanurzać w cieście, smażyć na rozgrzanym głębokim oleju na złoty kolor.

Rybę podawać z frytkami i surówką.

Karp pieczony

1 kg karpia, masło, 1-2 łyżki mąki, sól i pieprz do smaku.

Karpia sprawić, umyć, posypać solą i czarnym mielonym pieprzem, odstawić na co najmniej godzinę w zimne miejsce. Po tym czasie oprószyć rybę mąką, ułożyć na karpiu kawałki masła (można zawinąć w folię aluminiową), zapiekać w nagrzanym piekarniku, podlewając czas od czasu wytopionym masłem, aż ryba będzie miękka.

Karpia podawać z frytkami lub ziemniakami z wody oraz surówką.

Ryba po grecku

500 g filetów rybnych, 2 marchwie, 1 pietruszka, 2 cebule, 1 ząbek czosnku, 250 g pomidorów lub mały koncentrat pomidorowy, olej roślinny, sok z cytryny, sól i pieprz do smaku.

Filety umyć, skropić obficie sokiem z cytryny, osolić, pokroić na spore kawałki, usmażyć na rozgrzanym oleju z obu stron na złoty kolor.

Marchew i pietruszkę obrać, umyć, zetrzeć na tarce o dużych otworach. Cebulę drobno posiekać. Pomidory obrać ze skórki, pokroić. Czosnek zmiażdżyć. Wszystkie warzywa dusić w rondlu na oleju na małym ogniu. Pod koniec duszenia dodać usmażoną rybę, doprawić do smaku solą i czarnym mielonym pieprzem.

Podawać na gorąco z gotowanymi ziemniakami lub na zimno z białym pieczywem.

Ryba zapiekana z warzywami

1 kg ryby, 1 kg warzyw (marchew, pietruszka, papryka, pomidory, cebula), 2 ząbki czosnku, 1 lampka białego wytrawnego wina, 2 łyżki koncentratu pomidorowego, sok z cytryny, 1-2 łyżki rodzynek, tymianek, olej roślinny, sól, pieprz i cukier do smaku.

Warzywa obrać, umyć, drobno pokroić, dusić na oleju w rondlu na małym ogniu. Dodać białe wytrawne wino, koncentrat pomidorowy, podlać odrobiną wody, doprawić do smaku tymiankiem, cukrem, solą i czarnym mielonym pieprzem. Pod koniec duszenia dodać umyte rodzynki.

Rybę oskrobać, wypatroszyć, umyć, dużą pokroić na kawałki. Naczynie do zapiekania wysmarować olejem roślinnym, ułożyć rybę, skropić obficie sokiem z cytryny, na to ułożyć duszone warzywa, naczynie przykryć, wstawić do gorącego piekarnika na około 20 minut.

Rybę z warzywami podawać z gotowanymi ziemniakami lub z białym pieczywem.

Klopsiki z ryby

500 g filetów rybnych, 4 łyżki mleka, 1 czerstwa bułka, 1 cebula, 1 jajko, 1 pietruszka, 1 seler, 1 marchew, 1 pietruszka, masło, mąka, natka pietruszki, sól i pieprz do smaku.

Bułkę namoczyć w mleku. Filety umyć, zemleć razem z cebulą i namoczoną bułką. Dodać jajko, doprawić do smaku solą i czarnym mielonym pieprzem.

Warzywa obrać, pokroić w plastry, przygotować wywar. Z masy rybnej uformować kulki. Naczynie wysmarować masłem, ułożyć kulki, wlać odrobinę bulionu, gotować na małym ogniu około 15 minut.

Mąkę dokładnie rozrobić z wodą, wlać do bulionu, gotować około 5-7 minut.

Gotowe klopsiki wyłożyć na talerz, polać sosem, posypać posiekaną natką pietruszki.

Śledzie w śmietanie

4-5 płatów śledziowych, 1 kwaśne jabłko, 1 cebula, 2-3 ogórki konserwowe, ½ szklanki śmietany, sok z cytryny, sól, cukier i pieprz do smaku.

Płaty śledziowe wymoczyć w zimnej wodzie, pokroić w dzwonka, ułożyć na półmisku. Dodać drobno posiekaną i sparzoną cebulę, starte jabłko, pokrojone ogórki.

Śmietanę wymieszać z sokiem cytrynowym, doprawić do smaku cukrem, solą i czarnym mielonym pieprzem. Przygotowanym sosem polać śledzie.

Śledzie w śmietanie przed podaniem schłodzić w lodówce.

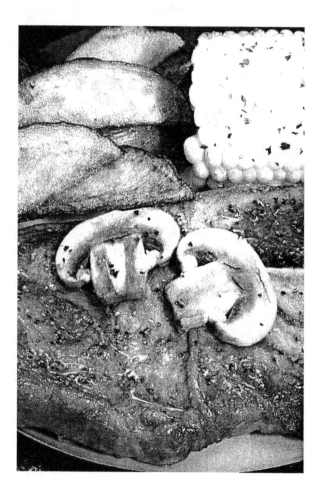

DANIA Z GRZYBÓW

Grzyby są dosyć ciężko strawne i zawierają niezbyt dużą ilość biał-ka, jednak ich walory smakowe rekompensują te ich „niedoskonało-ści" i doprawdy trudno byłoby sobie wyobrazić kuchnię polską bez dań grzybowych, zwłaszcza postnych i wigilijnych.

Jeśli nie znamy się na grzybach lub po prostu nie lubimy je zbierać, możemy zastąpić je kupionymi w sklepie pieczarkami lub boczniakami, ale prawdziwy aromat i smak mają tylko świeże grzyby prosto z lasu.

Sałatka z pieczarek z pomidorami

300 g pieczarek, 2 pomidory, 2 jajka, 1 jabłko, ½ szklanki śmietany, sok z ½ cytryny, masło, cukier, sól do smaku, natka pietruszki.

Pieczarki wyszorować, opłukać, pokroić w paseczki, usmażyć na maśle. Jajka ugotować na twardo, pokroić w plasterki. Pomidory i jabłka umyć, pokroić w cząstki. W salaterce układać warstwami pieczarki, jajka, pomidory, jabłka, zalać śmietaną doprawioną solą i cukrem. Udekorować posiekaną natką pietruszki.

Sałatka z pieczarek z makaronem

300 g pieczarek, 400 g makaronu, 200 g gotowanej lub wędzonej szynki, 1 puszka kukurydzy, 1 puszka zielonego groszku, 3-4 kiszone ogórki, pęczek szczypiorku, sól i pieprz do smaku, masło, majonez.

Makaron (najlepiej świderki) ugotować w osolonej wodzie, odcedzić. Pieczarki wyszorować, opłukać, pokroić w plasterki, udusić na maśle. Szynkę pokroić w paseczki. Ogórki pokroić w kostkę. Do ugotowanego makaronu dodać pieczarki, szynkę, ogórki, odsączoną kukurydzę i groszek, pokrojony szczypiorek. Doprawić do smaku solą i pieprzem. Dodać kilka łyżek majonezu, wymieszać. Przed podaniem schłodzić sałatkę w lodówce.

Sałatka z marynowanych grzybów z jabłkiem

200 g marynowanych grzybów, 1 cebula, 1 jabłko, olej roślinny, koperek, sól i pieprz do smaku.

Grzyby pokroić w paseczki. Jabłko umyć, obrać, zetrzeć na tarce o dużych otworach. Cebulę pokroić w drobną kostkę. Wszystkie składniki dokładnie wymieszać. Dodać 2-3 łyżki oleju roślinnego, doprawić do smaku solą i pieprzem. Przed podaniem udekorować sałatkę całym grzybkami i cząstkami jabłek. Posypać posiekanym koperkiem.

Sałatka z marynowanych grzybów z szynką i ziemniakami

200 g marynowanych grzybów, 100-150 g gotowanej lub wędzonej szynki, 4-5 ziemniaków, 1 świeży ogórek, 1 pomidor, 1 cebula, ½ szklanki śmietany, ½ szklanki majonezu, sól, cukier do smaku, natka pietruszki, koperek.

Ziemniaki wyszorować, ugotować, obrać. Pokroić w plasterki. Ogórek pokroić w kostkę, a pomidor na cząstki. Grzyby i szynkę pokroić w plasterki. Cebulę drobno posiekać. Śmietanę wymieszać z majonezem, doprawić solą i cukrem do smaku. Wszystkie składniki dokładnie wymieszać. Sałatkę wyłożyć do salaterki, udekorować posiekanym koperkiem i natką pietruszki.

Grzyby duszone w sosie musztardowym

500 g świeżych grzybów, 1 cebula, 1 łyżka musztardy, 1 szklanka bulionu grzybowego, 1-2 łyżki mąki, ocet winny, sól, cukier, pieprz do smaku, 2 łyżki masła.

Grzyby oczyścić, wielokrotnie płukać je w wodzie, aż nie będzie piasku. Jeśli są duże, posiekać je. Cebule obrać, pokroić. Na patelni rozpuścić masło, obsmażyć na nim cebulę, dodać grzyby, chwilę razem poddusić, podlać bulionem grzybowym z rozprowadzona w nim mąką, dodać musztardę. Dusić do miękkości. Doprawić do smaku octem winnym, solą i czarnym mielonym pieprzem. Danie podawać posypane posiekaną natką pietruszki.

Grzyby duszone z warzywami

500 g świeżych grzybów, 1 pietruszka, 500-600 g ziemniaków, ¼ główki kapusty, ½ szklanki śmietany, 1 marchew, 1 cebula, 2-3 łyżki koncentratu pomidorowego, masło, sól, pieprz do smaku.

Grzyby oczyścić, dokładnie wypłukać. Duże pokroić. Rozgrzać na patelni masło, wrzucić grzyby, dusić pod przykryciem na małym ogniu. Warzywa pokroić, obsmażyć przez chwilę na maśle, podlać wodą, poddusić przez kilka minut. Do warzyw dodać uduszone grzyby, koncentrat pomidorowy, śmietanę i posiekaną natkę pietruszki. Grzyby z warzywami podawać jako samodzielne danie lub jako dodatek do mięsa.

Grzyby duszone z orzechami

500 g świeżych grzybów (ewentualnie pieczarek), 300 g orzechów włoskich, 2 łyżki oleju roślinnego lub masła, 1-2 łyżki octu winnego, sól i pieprz do smaku, natka pietruszki lub koperek.

Grzyby oczyścić, dokładnie umyć, pokroić na duże kawałki. Włożyć do rondla, osolić, dodać masło albo olej roślinny, dusić do miękkości. Orzechy posiekać razem z natką pietruszki lub koperkiem, wlać ocet winny, wymieszać, połączyć z grzybami. Wszystko razem poddusić około 10 minut. Podawać na ciepło lub na zimno.

Grzyby zapiekane z ziemniakami

300-400 g świeżych grzybów, 1 kg ziemniaków, 150 g szynki wędzonej lub gotowanej, 2 cebule, 1 szklanka śmietany, ½ szklanki bulionu grzybowego, 100 g żółtego sera, masło, natka pietruszki lub koperek, sól i pieprz do smaku.

Grzyby oczyścić, umyć, pokroić w plasterki, obsmażyć na maśle. Cebulę obrać, umyć, pokroić w piórka, dodać do grzybów. Oddzielnie obsmażyć pokrojoną w paseczki szynkę, połączyć z grzybami i cebulą. Bulion grzybowy wymieszać ze śmietaną, dodać do grzybów. Dusić około 15 minut. Ziemniaki ugotować oddzielnie. Odcedzić, obrać, pokroić w plasterki, obsmażyć na maśle, dodać do grzybów. Grzyby przełożyć do naczynia żaroodpornego, posypać startym żółtym serem, upiec w gorącym piekarniku. Przed podaniem danie udekorować posiekaną natką pietruszki lub koperkiem.

Kotlety z grzybów

500 g świeżych grzybów, 1 czerstwa bułeczka, ½ szklanki mleka, 2 jajka, 1 cebula, 2-3 łyżki śmietany, mąka, masło, natka pietruszki, koperek, sól i pieprz do smaku.

Grzyby oczyścić, umyć, zalać odrobiną wrzątku, dusić w sosie własnym aż do całkowitego wyparowania płynu. Grzyby przestudzić, zemleć razem z cebulą i namoczoną w mleku bułeczką. Do masy grzybowej dodać jajka, sól i czarny mielony pieprz, dokładnie wyrobić. Następnie należy formować owalne kotleciki, obtaczać je w bułce tartej i smażyć na rozgrzanym tłuszczu z obu stron na złoty kolor. Kotlety grzybowe podawać z ziemniakami i surówkami.

Placuszki grzybowe

500 g świeżych grzybów, 1 kg ziemniaków, 1 jajko, olej roślinny, mąka, sól i pieprz do smaku.

Ziemniaki umyć, obrać, opłukać, zetrzeć na tarce o drobnych otworach, odcedzić trochę soku. Grzyby oczyścić, umyć, obgotować przez kilka minut w osolonej wodzie, odcedzić, przestudzić, drobno posiekać, dodać do ziemniaków. Do masy wbić jajko, jeśli ciasto jest za rzadkie można dodać kilka łyżek mąki. Doprawić do smaku solą i czarnym mielonym pieprzem. Na patelni rozgrzać olej roślinny. Kłaść łyżką na gorący tłuszcz okrągłe placuszki i smażyć z obu stron na złoty kolor.

Pierogi z grzybami

Ciasto: 1 ½ szklanki maki, 1 jajko, ok. 1 szklanki letniej wody, sól.

Nadzienie: 400-500 g świeżych grzybów, 1 cebula, masło, śmietana, bułka tarta, sól i pieprz do smaku.

Mąkę przesiać na stolnicę, dodać szczyptę soli, jajko, wyrobić ciasto powoli wlewając ciepłą wodę. Dobrze wyrobione ciasto powinno być elastyczne i dające się rozwałkować na cienki placek. Z ciasta wykrawać szklanką krążki, na środek których kłaść łyżeczką nadzienie. Brzegi pierogów zlepiać palcami. Aby mieć pewność, ze pierogi nie rozlepią się podczas gotowania, brzegi pierogów można smarować białkiem lub zwykłą wodą.
Sposób przygotowania nadzienia: cebulę obrać, opłukać, drobno pokroić. Pokrojoną cebulę zeszklić na maśle. Do cebuli wrzucić posiekane grzyby i smażyć razem do momentu odparowania płynu. Do grzybów można dodać bułkę tartą i po przestudzeniu farszu – jajko, doprawić do smaku solą i pieprzem.
Pierogi wkładać na wrzącą osolona wodę, przykryć. Kiedy wypłyną na wierzch, odkryć i gotować jeszcze około 5 minut. Ugotowane pierogi wyjmować łyżką cedzakową. Przed podaniem polać stopionym masłem lub śmietaną.
W ten sam sposób można przygotować pierogi z nadzieniem z suszonych grzybów (wcześniej trzeba je namoczyć i ugotować).

Grzyby faszerowane

500 g świeżych grzybów (mogą być pieczarki), 2 jajka, bułka tarta, 1 cebula, 50 g żółtego sera, masło, natka pietruszki, sól i pieprz do smaku.

Grzyby przebrać. Odłożyć grzyby średniej wielkości z okrągłym kapeluszem, umyć, oddzielić kapelusze od nóżek. Nóżki drobno posiekać, dusić na maśle razem z drobno pokrojona cebulą. Nadzienie przestudzić, dodać jajka, bułkę tartą, posiekaną natkę pietruszki, doprawić do smaku solą i pieprzem. Tak przygotowanym farszem napełniać kapelusze grzybów, ułożyć na wysmarowanym masłem żaroodpornym naczyniu, posypać startym żółtym serem. Zapiekać w gorącym piekarniku. Podawać jako ciepłą przekąskę lub jako dodatek do ziemniaków lub ryżu z sosem grzybowym.

Grzyby nadziewane ryżem

500 g świeżych grzybów, ½ szklanka ryżu, 1 jajko, 100 g żółtego sera, 1 pietrusz-ka, masło, sól i pieprz do smaku.

Grzyby oczyścić, umyć, oddzielić kapelusze od nóżek. Nóżki grzy-bów drobno posiekać, przesmażyć na maśle razem z drobno pokrojo-ną pietruszką. Ryż opłukać, ugotować w osolonej wodzie, przestudzić, dodać do masy grzybowej, wbić jajko. Doprawić do smaku solą i pie-przem. Kapelusze grzybów osolić, napełnić przygotowanym farszem, ułożyć do wysmarowanego masłem naczynia żaroodpornego. Ze-trzeć z wierzchu żółty ser, zapiec w gorącym piekarniku. Podawać jako samodzielne danie lub jako dodatek do duszonych jarzyn.

Grzyby nadziewane ziemniakami

500 g świeżych grzybów (mogą być pieczarki), 1 kiszony ogórek, 200-300 g ziemniaków, masło, sól i pieprz do smaku.

Grzyby oczyścić, umyć, oddzielić kapelusze od nóżek. Kapelusze udusić na maśle. Nóżki grzybów drobno posiekać, udusić. Ziemnia-ki obrać, umyć, ugotować w osolonym wrzątku. Odcedzić, dodać ¼ szklanki gorącego mleka i ¼ kostki masła, utłuc. Do ziemniaków do-dać uduszone nóżki grzybów, wymieszać, doprawić do smaku solą i pieprzem. Przygotowanym nadzieniem napełniać uduszone kape-lusze grzybów. Kiszony ogórek pokroić w plasterki, kłaść kawałek na każdy grzybek. Podawać na półmisku udekorowanym sałatą, ogór-kiem i grzybkami.

Ryba duszona z grzybami

500 g filetu z ryby, 300 g świeżych grzybów, 1 cebula, ½ szklanki śmietany, 1 kostka masła, natka pietruszki, sól i pieprz do smaku.

Opłukane filety umyć, pokroić na kawałki. Grzyby i cebulę drob-no posiekać. Naczynie do zapiekania wysmarować masłem. Układa-dać warstwami rybę, cebulę, grzyby, kawałki masła, następnie znowu rybę. Każdą warstwę należy doprawić do smaku solą i pieprzem. Z wierzchu danie posypać posiekaną natką pietruszki, zalać śmietaną, wstawić do gorącego piekarnika lub podlać odrobiną bulionu grzy-bowego i dusić pod przykryciem na małym ogniu do miękkości.

Karp nadziewany grzybami

Karp ważący około 1 kg, 200-300 g świeżych grzybów (mogą być pieczarki), 1 cebula, 2 białka jajka, ½ szklanki śmietany, masło, kopek lub natka pietruszki, sól i pieprz do smaku.

Sprawić karpia, opłukać, na godzinę przed pieczeniem nasolić go. Grzyby pokroić na duże kawałki, udusić na maśle razem z posiekaną cebulką. Po przestudzeniu dodać ubite białka jajka, posiekaną natkę pietruszki lub koperek, doprawić do smaku solą i pieprzem. Przygotowanym farszem napełnić rybę. Włożyć rybę do naczynia żaroodpornego wysmarowanego masłem, zapiec w gorącym piekarniku. W trakcie pieczenia podlewać rybę wytapiającym się tłuszczem. Kilka minut przed wyjęciem z piekarnika podlać karpia śmietaną.

Babka ziemniaczana z nadzieniem grzybowym

400 g świeżych grzybów lub 50 g suszonych grzybów, 1 kg ziemniaków, 2 cebule, ¼ szklanki śmietany, 1-2 łyżki maki, masło, sól i pieprz do smaku.

Ziemniaki umyć, obrać, opłukać, zetrzeć na tarce o drobnych otworach. Dodać 1 łyżkę mąki, doprawić do smaku solą i pieprzem. Grzyby oczyścić, umyć, ugotować w osolonej wodzie, odcedzić, posiekać. Cebule obrać, drobno pokroić, podsmażyć na maśle razem z ugotowanymi grzybami, doprawić do smaku solą i czarnym mielonym pieprzem. Naczynie do zapiekania wysmarować masłem. Wyłożyć połowę masy ziemniaczanej, na to ułożyć masę grzybową, a na nią resztę ziemniaków. Babkę ziemniaczaną wstawić do gorącego piekarnika, a po około 10 minutach posmarować śmietaną, zapiec. Przed podaniem babkę pokroić na kawałki, polać stopionym masłem lub śmietaną.

Makaron z sosem grzybowym

400 g makaronu, 300 g grzybów (mogą być pieczarki), 2 cebulę, 1 szklanka bulionu grzybowego, 2-3 łyżki koncentratu pomidorowego, 1-2 łyżki mąki, ½ kostki masła, olej roślinny, natka pietruszki, sól i pieprz do smaku.

Makaron ugotować w dużej ilości osolonego wrzątku, do którego można dodać 1 łyżkę oleju roślinnego. Po ugotowaniu makaron odcedzić. Przygotować sos grzybowy. Grzyby oczyścić, umyć, pokroić. Na maśle podsmażyć grzyby razem z posiekaną cebulką, dodać koncentrat pomidorowy, przesmażyć. Wlać zimny bulion grzybowy z dokładnie rozprowadzoną w nim mąką, zagotować. Doprawić do smaku solą i czarnym mielonym pieprzem. Gotować na bardzo małym ogniu pod przykryciem do miękkości. Do gotowego sosu dodać ugotowany makaron, podgrzać, wymieszać, wyłożyć na półmisek. Przed podaniem udekorować posiekaną natką pietruszki. Wzbogacić smak dania można posypując makaron parmezanem albo zwykłym żółtym serem.

DANIA JARSKIE

Bób zielony w strąkach

Młody bób, gdy strączki są jeszcze zielone, a ziarna w nich miękkie, można przyrządzać jak fasolkę szparagową. Strączki obrać z bocznych włókien, wrzucać na wrzącą, osoloną wodę. Po ugotowaniu podawać z bułką tartą przyrumienioną na maśle.
Suchy, starszy bób, należy namoczyć na noc. Podawać potem jak wyżej.

Brukiew nadziewana

Jak najmniejsze brukwie obrać, sparzyć gorącą wodą i wydrążyć w każdej jak największy otwór. Wyjęty miąższ rozetrzeć, dodać do niego zasmażkę sporządzoną z mąki i masła oraz 4 łyżki śmietany, soli i cukru do smaku i tym farszem nadziać brukwie. Ułożyć je na wysmarowanej masłem blasze, posypać tartą bułką i zapiec.
Podawać z sosem białym śmietanowym.

Buraki

Ugotować w skórce, w wodzie bez dodatku soli. Obrać z łupin i utrzeć na grubej tarce. Zasmażkę sporządzoną z masła i mąki rozprowadzić niewielką ilością wody, dodać do smaku soli i cukru oraz pół szklanki śmietany.
Kto lubi, do zasmażki może dodać cebuli.

Cebula

Duża i słodka, nadaje się na jarzynę, np. do obłożenia pieczeni na półmisku. Obrane z łupin cebule sparzyć wrzątkiem, pokroić w ćwiartki, posolić i dusić na maśle podlewając rozpuszczoną kostką bulionową. Kiedy będzie już miękka, dodać odrobinę cukru i przyrumienić w piekarniku.

Cebula nadziewana

Cebule obrać z łupin, ściąć czubki, wydrążyć środki. Napełnić je dowolnym farszem mięsnym. Dusić w głębokim rondlu na maśle.

Dynia

Przekroić dynię wzdłuż na 6-8 części, wyjąć łyżką pestki, zdjąć twardą skórę z wierzchu, pokrajać w plasterki i sparzyć. Włożyć do rondla łyżkę masła, pół łyżki cukru, posolić, dodać do tego plasterki dyni, garść posiekanej zieleniny, obsypać lekko mąką i dusić do miękkości.

Fasola szparagowa

Umyć i wrzucić do wrzącej osolonej wody. Podawać na gorąco, polane tartą bułką przyrumienioną na maśle.

Fasola szparagowa po francusku

Żółtą lub zieloną fasolę cienko poszatkować i ugotować w osolonej wodzie, a potem przelać zimną wodą. Do rondla włożyć dwie łyżki masła, dolać kilka łyżek rozpuszczonej we wrzątku kostki rosołowej i wrzucić ugotowaną fasolę.

Podawać polane masłem z przyrumienioną bułką tartą.

Fasola na kwaśno

Ugotowaną, jak poprzednie, fasolę szparagową skropić kilkoma łyżkami octu, dodać jeszcze trochę cukru i poddusić w rondlu. Zamiast octu można dodać kwaśną śmietanę.

Fasola brązowa sucha z masłem

Fasolę namoczyć na noc. Gotować w małej ilości osolonej wody do miękkości. Podawać z przyrumienioną na maśle tartą bułką albo małymi skwareczkami ze słoninki.

Fasola biała na kwaśno

Fasolę namoczyć na noc, ugotować w osolonej wodzie. Zrobić zasmażkę z cebulą, rozprowadzić wywarem z fasoli, posolić, dodać odrobinę cukru i octu do smaku, zagotować razem z fasolą.

Kotlety z fasoli

Fasolę ugotować, przetrzeć przez sito lub przepuścić przez maszynkę, przestudzić. Wbić dwa całe jaja, dodać dwie łyżki tartej bułki, popieprzyć, wymieszać. Zrobić owalne kotlety, otaczać w bułce tartej i smażyć na rumiano.
Podawać z sosem pomidorowym.

Groszek zielony świeży

Wyłuskany groszek (mniej więcej 1 litr na cztery osoby) sparzyć słoną wodą, odcedzić, przelać wodą zimną i dusić z 2 łyżkami masła. Dolać szklankę wody. Potem oprószyć groszek łyżką mąki, posolić, dodać trochę cukru. Na samym końcu dodać trochę siekanego kopru.

Groszek zielony suszony

Groszek należy najpierw namoczyć na kilka godzin, potem gotować tak samo jak świeży.

Groszek zielony po francusku

Ugotować w rondelku ¼ kg chudej szynki, w jednym kawałku. Gdy będzie miękka, wyjąć, ale trzymać w cieple. Na łyżce masła zarumienić małe cebulki (szalotki), wsypać do nich surowy zielony groszek, dodać koperku, włożyć szynkę, podlać szklanką rozpuszczonej kostki rosołowej, posolić i dusić na małym ogniu pod przykryciem.

Przed podaniem pokroić szynkę na cienkie plasterki i obłożyć nią groszek.

Groch suchy zwyczajny

Groch namoczyć w przeddzień w letniej wodzie. Zlać ją, nalać świeżej, także letniej, lecz nie dużo, aby tylko go zakryła. Osolić na końcu, gdy groch już będzie miękki, odcedzić.

Podawać polany roztopioną słoninką lub przyrumieniona tartą bułką.

Purée z grochu

Ugotować groch na miękko, przetrzeć przez sito, polać masłem z bułeczką. Podawać do wędzonki lub szynki.

Jarmuż

Jarmuż ugotować w słonej wodzie. Odcedzić, drobno posiekać. Zrobić jasną zasmażkę z łyżką masła, rozprowadzić szklanką śmietany lub mleka. Włożyć do tego jarmuż, dodać odrobinę cukru i poddusić razem.

Jarmuż można obłożyć jajkami sadzonymi.

Kalafiory gotowane

Kalafiory ugotować w słonej wodzie z odrobiną cukru. Polać przyrumienioną na maśle tartą bułką.

Kalafiory zapiekane.

Kalafiory ugotować jak wyżej. Ułożyć na ogniotrwałym półmisku, oblać sosem beszamelowym (patrz: SOSY), posypać grubo tartym żółtym serem, na wierzchu położyć kawałeczki masła. Zapiec w gorącym piekarniku.

Kalafiory po włosku

Ugotowane kalafiory ułożyć na półmisku, posypać tartym żółtym serem, drobno posiekaną szynką i pokrojonymi pieczarkami. Polać czystym sosem pomidorowym i zapiec.

Kalafior z szynką

Duży kalafior ugotować w całości, ułożyć na ogniotrwałym półmisku, obsypać posiekaną szynką, oblać śmietaną wymieszaną z żółtkami, potem wymieszać całość z pianą z białek. Zapiec w piekarniku.

Kalafiory z żółtym serem

Ugotowane kalafiory polać obficie roztopionym masłem i posypać utartym żółtym serem.

Kalarepa duszona

Kalarepę obrać ze skóry, pokroić w kostkę lub utrzeć na grubej tarce, sparzyć słoną wodą. Podłożyć łyżkę masła, odrobinę cukru i dusić. Na końcu posypać odrobiną mąki.

Kalarepa po francusku

Pokrajać kalarepę w kostkę, sparzyć osoloną wodą. Posiekaną cebulkę usmażyć na maśle na jasno, rozprowadzić rosołem lub bulionem, posolić, dodać odrobinę gałki muszkatołowej. Włożyć ugotowaną kalarepę i dusić. Gdy już będzie miękka, wsypać garść posiekanego kopru, odrobinę mąki, dodać kawałek masła, wymieszać.

Kalarepa nadziewana

Obrać z łupiny kalarepy i całe główki obgotować na pół miękko w słonej wodzie. Wydrążyć każdą i w otwór włożyć farsz mięsny. Ułożyć na rozpuszczonym tłuszczu. Zrobić białą zasmażkę, osolić, zalać kalarepę i dusić do miękkości.

Kapusta świeża na kwaśno

Uszatkować drobno główkę kapusty, posolić i zostawić na stolnicy na godzinę. Potem mocno wycisnąć, włożyć do kamiennego garnka i zalać wodą. Dodać cebulę pokrojoną w plasterki, łyżkę octu, dwie kostki cukru, trochę soli, parę ziarenek pieprzu i gotować do miękkości. Zrobić zasmażkę z drobno pokrojonej słoniny, z pół cebuli i łyżki maki, rozprowadzić ją wywarem z kapusty, polać i zagotować razem.

Kapusta świeża na sposób kalafiorów

Małe główki kapusty przekroić na 4-6 części. Włożyć do wrzącej osolonej wody, podgotować trochę i odlać. Zalać świeżą wrzącą wodą, odrobinę posolić, dodać trochę cukru i gotować do miękkości. Podawać polaną masłem z tartą bułką.

Kapusta z jabłkami

Przygotować kapustę jak poprzedni (na kwaśno), tylko zamiast octu dać trzy kwaśne jabłka, pokrajane w talarki. Zasmażyć, jak wyżej.

Kapusta z pomidorami

Do kapusty z jabłkami dodać kilka pokrajanych pomidorów i gotować, aż się rozgotują.

Kapusta duszona świeża

Przygotować kapustę na kwaśno, wycisnąć sok. Osobno usmażyć słoninkę z posiekaną cebulą, włożyć kapustę, posolić, popieprzyć i dusić na wolnym ogniu do miękkości. Osypać lekko mąką, skropić cytryną lub octem i poddusić jeszcze trochę.
Można dodać uduszone jabłka lub pomidory.

Kapusta parzonka

Główkę świeżej kapusty poszatkować mocno ścisnąć w kamiennym garnku, zalać wrzącą wodą i postawić w cieple.
Po kilku dniach stanie się kwaskowata i gotowa do użycia.

Kapusta duszona kiszona

Wycisnąć 1 kg kapusty kiszonej, zalać zimną wodą. Dodać dużą łyżkę masła, posolić, popieprzyć, dodać sparzoną i utartą cebulę, dusić powoli, często mieszając. Gdy stanie się miękka, dodać nieco mąki, łyżeczkę maggi, cukru i zagotować.
Zamiast wody można dodać szklankę białego wina.

Kapusta z bulionem

Kiszoną kapustę wycisnąć z soku i ugotować. Dodać 2-3 ogórki kiszone, pokrojone w talarki, łyżkę masła lub słoniny, drobno posiekaną większą cebulę, posolić, popieprzyć i wlać szklankę bulionu z kostki. Dusić do miękkości. Podprawić kilkoma łyżkami kwaśnej śmietany, rozbitej z połową łyżki mąki, dodać trochę cukru i zagotować.

Kapusta kiszona z grzybami

Kapustę wycisnąć z kwasu, dodać 3 dag grzybów suszonych. Gdy zmiękną, wyjąć je, pokroić i znowu dodać do kapusty. Zrobić żółtą zasmażkę z masła z cebulą i mąką, rozprowadzić ją wodą z kapusty, posolić i zagotować.

Kapusta kiszona gotowana

Wyciśniętą kapustę zalać wodą, dodać pokrojoną cebulę, posolić, popieprzyć i gotować. Doprawić zasmażką zrobioną na słoninie z cebulą i mąką.

Kapusta czerwona duszona

Uszatkować główkę czerwonej kapusty, posolić i zostawić na godzinę. Potem wycisnąć i wrzucić na wrzącą wodę. Po zagotowaniu odcedzić na sito i skropić octem, aby nabrała koloru, dodać łyżkę masła, odrobinę wody, trochę cukru i poddusić chwilę.
Ma być sucha, bez sosu.

Kapusta czerwona duszona na winie

Przyrządza się, jak wyżej, tylko zamiast wody i octu wlać do duszenia szklankę czerwonego wina i dodać trochę cukru.

Kapusta z gorczycą na sałatę

Kilka małych główek kapusty rozkroić na ćwiartki, wyciąć głąbie i ugotować w osolonej wodzie. Osączyć, wystudzić przesypać między listkami gorczycą, ułożyć w kamiennym słoju, przekładając kiszonym ogórkiem i zalać sokiem ogórkowym. Przykryć i przycisnąć kamieniem. Po kilku dniach jest do użycia.

Kapusta włoska

Opłukać kilka główek kapusty, rozkroić każdą na cztery części, sparzyć wrzącą słoną wodą. Ułożyć w rondlu, podłożyć łyżkę masła, posolić, dodać pół szklanki wody i dusić. Gdy będzie miękka, dodać ćwiartkę śmietany wymieszanej z łyżką mąki, dodać trochę cukru, zagotować. Podawać z ziemniakami.

Kapusta włoska nadziewana

Z dużych główek zdjąć wierzchnie liście, sparzyć je wrzącą wodą, zostawić na 10 minut, potem odcedzić na sito. Przygotować farsz z resztek pieczonego mięsa, zawijać go w liście i układać w rondlu. Dać łyżkę masła, trochę wody i dusić. Na końcu dodać ćwiartkę śmietany wymieszanej z mąką, poddusić chwilę.
Podawać z ziemniakami. Można też zawinięte liście maczać w jajku, tartej bułce i podsmażyć.

Kapusta nadziewana w całości

Miękkie główki kapusty włoskiej oczyścić, odgotować we wrzącej wodzie na pół miękko, odcedzić. Przygotować farsz mięsny jak na sznycle, za każdy liść włożyć łyżkę mięsa, ostatnimi liśćmi owinąć i związać nitką. Zrobić jasną zasmażkę, rozcieńczyć wodą z kapusty, dodać trochę mleka, soli, pieprzu. Do tego sosu włożyć kapustę i dusić pod pokrywką.

Kapusta włoska postna

Przygotować, jak wyżej główki kapusty. Osobno ugotować, na smaku z grzybów, ryż, dodać do niego posiekane grzybki, łyżkę masła, posolić, popieprzyć. Nałożyć farsz między liście kapusty i postąpić, jak wyżej.
Zamiast mleka można dać śmietanę.

Brukselka z masłem

Brukselkę sparzyć wrzącą słoną wodą i ugotować. Polać masłem z przyrumienioną tartą bułką.

Brukselka duszona

Główki obgotować w słonej wodzie, potem dusić w rondlu z dodatkiem masła. Gdy stanie się miękka, obrumienić na patelni.

Brukselka na słodko

Brukselkę obgotować, udusić, lecz nie rumienić, tylko osypać trochę mąką i podlać ćwiartką słodkiej śmietanki.

Kukurydza

Obrane z włókien kolby kukurydzy i gotować w słonej wodzie z dodatkiem cukru. Podawać owinięte w serwetkę.

Marchew

Większą pokrajać w talarki lub utrzeć na tarce. Sparzyć wrzącą wodą i zalać wodą. Dać łyżkę masła, trochę cukru. Dusić do miękkości. Na końcu posolić i osypać łyżeczką mąki.

Marchewka z groszkiem

Przygotować marchew, jak poprzednio i dusić z masłem ze szklanką rosołu z kostki. Gdy jest pół miękka, dodać zielony groszek i dusić dalej razem. Na końcu osypać łyżeczką mąki, posolić, dodać trochę cukru.

Można też oba składniki ugotować osobno i podawać obok siebie.

Marchewka smażona

Młodą lecz grubą marchewkę pokroić na dwie podłużne części, zagotować raz w słonej wodzie, wyjąć na sito. Gdy obeschną, maczać w cieście i smażyć na rumiano.

Ogórki nadziewane duszone

Krótkie i grube ogórki obrać, sparzyć, przekroić w poprzek na połowy, wyjąć ziarna i nadziać farszem mięsnym. Ułożyć w rondlu, podlać rosołem z kostki i udusić dodając pod koniec zasmażkę. Gdy ogórki zmiękną, dodać do sosu korniszony, pokrajane w plasterki. Można zamiast korniszonów wlać do sosu kieliszek wina.

Ogórki nadziewane smażone

Przyrządzić ogórki, jak poprzednio i udusić w rosole. Gdy zmiękną, odcedzić, maczać w rozbitym jajku, posypać tartą bułką i obsmażyć na maśle.
Można dodać sos korniszonowy (patrz: SOSY).

Papryka

Parę sztuk zielonej papryki, ściąwszy wierzchy, wydrążyć z pestek. Ugotować w osolonej wodzie, aż skórka da się ściągnąć. Namoczyć jeszcze w zimnej wodzie, napełnić farszem mięsnym z ryżem, ułożyć w rondlu, zalać wodą z papryki, dać trochę masła, parę pomidorów albo przecieru pomidorowego i dusić pod przykryciem. Zrobić zasmażkę i rozprowadzić ją wodą z papryki. Zagotować.

Pomidory smażone w całości

Dojrzałe pomidory średniej wielkości obsmażyć na maśle, obsypać przyrumienioną tartą bułką, dodać odrobinę cukru.

Pomidory smażone w talarkach

Duże pomidory pokrajać w grube talarki, kłaść na rozgrzane masło i obsmażać z obu stron. Posolić, popieprzyć i podawać na obrumienionych grzankach.

Pomidory smażone w cieście

Duże pomidory pokrajać w grube talarki, wyjąć ziarna, posolić, popieprzyć, posypać posiekanym koperkiem lub pietruszką, maczać w cieście i smażyć z obu stron.

Pomidory zapiekane

Pomidory sparzyć wrzącą wodą, ściąć wierzchy, wybrać łyżeczką ziarnka i ułożyć pomidory na półmisku. Włożyć do każdego kawałeczek masła, posolić, popieprzyć, posypać grubo tartym żółtym serem i przyrumienioną tartą bułką. Wstawić do piekarnika do zarumienienia.

Pomidory nadziewane mięsem

Ściąć wierzchy pomidorów, łyżeczką wyjąć ziarna, napełnić farszem i obsmażyć na maśle. Na maśle zrobić lekką zasmażkę, dodać sok ze środków pomidorowych, rozprowadzić kostką rosołową i udusić. Pod koniec zalać kilkoma łyżkami śmietany.

Pomidory nadziane rybą

Zrobić, jak wyżej, tylko zamiast mięsa użyć ryby.

Pomidory z pieczarkami

Przygotować pomidory, jak wyżej. Pieczarki posiekać, udusić na maśle z cebulką i zmieloną szynką. Dodać trochę koncentratu pomidorowego i jajko. Wymieszać i nadziewać pomidory.

Pomidory nadziewane ryżem

Przygotować pomidory, jak wyżej. Osobno udusić grzybki, posiekać i wymieszać z ugotowanym na sypko ryżem. Nadziać pomidory i ułożyć w rondlu. Zalać szklanką kwaśnej śmietany, z wierzchu posypać utartym żółtym serem, polać masłem i zapiec w piekarniku.

Pomidory z groszkiem

Wydrążone pomidory wypełnić zielonym groszkiem, uduszonym z masłem, posypać zielonym koperkiem, polać masłem i zapiec.

Pory

Jarzyny obrać z zielonych części i pokrajać w grube plastry. Gotować 15 minut w słonej wodzie, potem osączyć, ułożyć w rondelku, zalać sosem beszamelowym (patrz: SOSY) i udusić. Potem zapiec w piekarniku, polewając tartą bułką przyrumienioną na maśle.

Rzepa

Obraną rzepę utrzeć na grubej tarce, sparzyć wrzącą wodą i udusić na maśle. Dodać zasmażkę z masła i mąki oraz odrobinę cukru. Wszystko razem zagotować.

Rzepa nadziewana

Obraną rzepę zagotować przez 5 minut, potem przyrządzić jak kalarepę.

Rzodkiewka

Obrać z wierzchniej skórki, sparzyć i dusić na maśle. Dodać trochę cukru, rosołu lub wody.

Sałata nadziewana mięsem

Podobnie jak kapustę włoską można nadziewać sałatę i dusić w rondlu, podlewając śmietaną.

Sałata głowiasta na jarzynę

Sałatę umyć i posolić na 10 minut. Ułożyć w głębokiej salaterce. Usmażyć kawałek słoniny, wlać do niej dwie łyżki octu z dwiema łyżkami wody, dodać trochę cukru, zagotować i wrzątkiem polać sałatę.

Selery duszone

Kilka selerów obrać, podgotować w osolonej wodzie, pokrajać w plasterki, zalać rosołem z kostki, skropić cytryną i dusić. Zrobić białą zasmażkę i zmieszać z selerami. Zagotować.

Selery nadziewane

Selery ugotować na pół miękko, wydrążyć i otwory wypełnić farszem z mięsa gotowanego lub surowego. Dusić na maśle. Na końcu doprawić sos zasmażką, żółtkiem lub śmietaną.

Selery wykwintne

Selery obrać i obgotować w solonej wodzie. Przygotować farsz z cielęciny. Wydrążyć środki i wkładać w nie farsz. Ułożyć w rondlu wysmarowanym masłem, podlać bulionem i udusić. Oddzielnie ugotować w winie parę dużych pieczarek, pokroić na tyle plasterków, ile jest selerów i na każdym położyć. Zasmażkę rozprowadzić sosem z pieczarek, polać selery i zapiec w piekarniku.

Soczewica

Namoczyć na noc. Rano zalać świeżą, ciepłą wodą i gotować do miękkości. Posolić, zasmażyć łyżką masła i mąki i wcisnąć sok z cytryny.

Szparagi

Oskrobać z góry, niżej obrać starannie z włókien, odkroić twardą część. Po umyciu związane wrzucać do wrzącej wody, zagotowywać kilka razy, za każdym razem zmieniając wodę. Gotować w osolonej wodzie, z dodatkiem cukru, aż będą miękkie. Wyjąć, rozwiązać, polać masłem z bułką tartą.

Szparagi po włosku

Ugotować, jak wyżej, polać sosem beszamelowym (patrz: SOSY), posypać tartym żółtym serem, obsypać tartą bułką, polać masłem i zapiec w piekarniku.

Szparagi krojone

Obrane szparagi pociąć na kawałki 2-3 cm, zagotować we wrzącej wodzie, przelać zimną i włożyć do rondla. Dodać masła, soli, cukru, parę łyżek rosołu i poddusić. Pod koniec wbić dwa żółtka rozmieszane z mąką, wymieszać. Zagotować.
Podawać z grzankami.

Szpinak po włosku

Świeże listki wrzucić do wrzącej wody, zagotować kilka razy, odcedzić i na sicie przelać kilka razy zimną wodą. Odcisnąć i przepuścić przez maszynkę. Zasmażyć sporo masła i rozprowadzić ćwiartką słodkiej śmietany. Włożyć w to szpinak, posolić i poddusić. Pod koniec wbić dwa żółtka i wymieszać.

Można podawać jako dodatek do dań mięsnych albo z jajami sadzonymi lub na twardo.

Szpinak na bulionie

Oczyścić i ugotować szpinak, zemleć i włożyć do zasmażki z łyżki masła i mąki, rozprowadzić, aż zgęstnieje i podać do mięsa.

Można dodać kilka listków szczawiu.

Szczaw na jarzynę

Przyprawia się zupełnie tak samo, jak szpinak.

Młode ziemniaczki

Ugotować w osolonej wodzie. Przed podaniem obficie posypać świeżym koperkiem i położyć na wierzchu duży kawałek masła.

Purée z ziemniaków

Ugotowane gorące ziemniaki przetrzeć przez sito. Dodać dużą łyżkę masła, pół szklanki mleka lub śmietany. Ugnieść dokładnie drewnianą łyżką.

Ziemniaki z szynką

Ugotowane, ale trochę twarde ziemniaki pokrajać w grubą kostkę. Rondel wysmarować masłem, osypać bułeczką. 20 dag szynki drobno posiekać, przegotować i ostudzić szklankę śmietanki, wlać do szynki, dołożyć łyżkę masła, jedno jajo i dwa żółtka. Zmieszać wszystko z szynką. Na spód rondla układać warstwy ziemniaków, przekładane szynką i zapiec w piekarniku.

Ziemniaki nadziewane

Ziemniaki sparzyć i obgotować. Wydrążyć, a wyjęte środki poddusić na maśle z cebulką, rozetrzeć, dodać łyżkę kwaśnej śmietany, pieprz i sól. Włożyć 20 dag drobno posiekanej szynki lub mięsa, wszystko dokładnie utrzeć i farszem takim wypełniać środki. Ułożyć w rondlu, skropić masłem, posypać tartą bułką i zapiec.

Ziemniaki zapiekane

Ugotować 2 kg ziemniaków i przetrzeć przez sito do miski. Wbić trzy żółtka, dodać łyżkę masła, sól, pieprz do smaku, wszystko utrzeć na jednolitą masę. Pod koniec dodać ubitą pianę z białek. Formę wysmarować masłem i posypać tartą bułką, włożyć ziemniaki i zapiec. Podawać z sosem pomidorowym (patrz: SOSY).

Ziemniaki postne ze śledziem

Ziemniaki ugotować w łupinach, obrać, pokroić w plasterki. Przygotować farsz śledziowy. Śledzia wymoczyć, obrać ze skórki, obrać z ości i przepuścić przez maszynkę. Dodać siekaną smażoną cebulę, dwa surowe jaja, wymieszać. Układać warstwami, zaczynając od ziemniaków. Po wierzchu polać masłem lub śmietaną i zapiec w piekarniku.
Podawać z ostrym sosem.

Kotlety ziemniaczane

Ugotować 1 kg ziemniaków, przetrzeć przez sito, dodając kawałek masła, 2-3 żółtka, łyżkę mąki, sól, pieprz do smaku i na końcu ubitą pianę z białek. Lekko wymieszać, formować kotlety. Posypać tartą bułką i zapiec po obu stronach na rumiano.
Podawać z sosem grzybowym (patrz: SOSY).

Ziemniaki smażone w cieście

Przygotować ciasto z 10 dag mąki ziemniaczanej z dwoma żółtkami, łyżką masła. Posolić, rozprowadzić mlekiem i dodać ubitą pianę. Ciasto ma być dość gęste.
Duże, surowe ziemniaki pokrajać w plastry, maczać w cieście i smażyć na gorącym tłuszczu. Posypać zieloną pietruszką.

Ziemniaki ze śmietaną

Na spód garnka włożyć dużo posiekanej cebuli, na to obrane ziemniaki, zalać zimną wodą i ugotować. Gdy będą miękkie, odlać wodę, włożyć łyżkę masła, parę łyżek kwaśnej śmietany, drobno posiekanej pietruszki. Wszystko razem dokładnie utrzeć.

Ziemniaki po francusku

Surowe i obrane ziemniaki kroić w cienkie plastry, posolić i rumienić na rozgrzanym tłuszczu (musi być go dużo). Na półmisku skropić je cytryną.

Babki ziemniaczane

Ziemniaki przygotować jak na kotlety, brać z tej masy łyżką, robić okrągłe pączki i układać je na blasze posmarowanej masłem i posypanej tartą bułką. Każdą babkę posmarować jajkiem i wstawić do gorącego piekarnika.
Podawać z sosem grzybowym (patrz: SOSY).

Pączki ziemniaczane

Przygotować ziemniaki jak na babki ziemniaczane. Brać łyżką okrągłe kulki, spuszczać na patelnię z dołkami. Usmażyć na rumiano.

Kaszka puchowa ziemniaczana

Ugotowane ziemniaki odlać i dodać do nich dużą łyżkę masła. Utrzeć w garnku, a następnie przez sito przepuścić na wygrzany półmisek.

Kluski z surowych ziemniaków

Utrzeć na tarce ok. 1 kg ziemniaków, zalać zimną wodą, zostawić na kilka godzin. Wodę odlać, zalać świeżą i znowu odstawić na 2-3 godziny. Potem wycisnąć mocno w serwetce, aż będą prawie suche. Wodę odstawić na godzinę, by na dnie osiadła mączka. Wodę zlewamy, a mączkę dodajemy do ziemniaków. Dodać 2 łyżki maki, posolić. Wyrabiać małe kulki i wrzucać do wrzącej wody.
Podawać do mięs lun z gorącym mlekiem.

Kluski ziemniaczane z bryndzą

Ugotować 10 ziemniaków, utrzeć dobrze z łyżką masła, 2 jajami i owczym serem. Na stolnicy posypanej mąką utoczyć równy wałek, rozpłaszczyć go i pokrajać w ukośne pierożki. Wrzucać na wrzącą wodę. Podawać posypane przyrumienioną tartą bułką.

CIASTA

CIASTA DROŻDŻOWE

Bułki lub strucle zwykłe

2 kg mąki pszennej, 1 litr mleka, sól, 4 dag drożdży

Szklankę mąki i drożdże zaczynić mlekiem i postawić w cieple. Gdy urośnie, dosypać mąkę, wlać resztę mleka, posolić i wyrobić na pulchne ciasto. Postawić do rośnięcia. Wyłożyć na stolnicę i wyrabiać albo okrągłe bułeczki, albo splatać strucle. Ułożyć je na blachach posypanych mąką, a gdy podrosną, posmarować piwem lub białkiem. Piec przez około godzinę.

Bułki lub strucle słodkie

2 kg mąki pszennej ¾ - 1 litr mleka, 6 dag drożdży, 4 jaja, sól, 12 dag cukru, 12 dag masła, zapach do ciast, 1 żółtko

Zaczynić szklankę mąki drożdżami i mlekiem, gdy ciasto podrośnie, dodać jaja ubite z cukrem, masło, zapach, posolić, wsypać resztę mąki, wlać mleko, wyrobić ciasto. Gdy wyrośnie, wyłożyć na stolnicę, formować podłużne bułki lub splatać strucle. Posmarować żółtkiem rozbitym z wodą, upiec. Po upieczeniu posypać cukrem pudrem.

Ciasto maślane na strucle i placki

2 kg mąki, 8 dag drożdży, 10 żółtek, sól, 25 dag cukru, 25 dag masła, zapach do ciast, mleka, ile zabierze

Zrobić zaczyn ze szklanki mleka i drożdży, dodać odrobinę cukru. Gdy zaczyn podrośnie, dodać mąkę, żółtka, zapach i tyle mleka, ile wchłonie oraz sól i sklarowane masło. Wyrabiać ciasto tak długo, aż zacznie odstawać od ręki. Zostawić na jakiś czas w cieple do wyrośnięcia. Piec placki lub strucle około godziny.

Posypka na placki drożdżowe

25 dag mąki, 10 dag cukru, 10 dag masła, sól

Na stolnicy zarobić mąkę z masłem i cukrem na bardzo twarde ciasto, rozetrzeć i pokruszyć je rękami, posypać po plackach przed wstawieniem ich do pieca.

Strucle maślane puste

Z ciasta maślanego (jak wyżej) pleść strucle, układać je na wąskich blaszkach, wysmarowanych masłem. Gdy podrosną, posmarować żółtkiem rozkłóconym z wodą, osypać siekanymi migdałami i upiec.

Po wyjęciu posypać cukrem pudrem albo oblać lukrem.

Strucle zwijane z makiem

Z ciasta maślanego wziąć na jedną struclę mniej więcej pół kg, rozwałkować na stolnicy na kwadrat grubości palca. Przyprawiony mak rozsmarować równo po całym kwadracie. Zwinąć w podłużny wałek i położyć na wąskiej blasze, wysmarowanej masłem i posypanej tartą bułką. Gdy podrośnie, posmarować żółtkiem rozkłóconym z wodą i upiec.

Po wyjęciu posypać cukrem pudrem lub polukrować.

Placek z posypką

Z ciasta maślanego rozwałkować placek na grubość palca, położyć go na blachę wysmarowaną masłem i osypaną tartą bułką. Zostawić do wyrośnięcia. Posmarować białkiem i osypać suto posypką. Piec przez godzinę.

Placek z makiem (makowiec)

Z ciasta maślanego rozciągnąć na blasze wysmarowanej masłem cienki placek, nałożyć nań cienko przygotowaną masę makową, na masę dać ciasto, znowu mak itd. Gdy podrośnie, posmarować żółtkiem i upiec.

Można też zrobić w inny sposób: dać na spód grubo ciasta, brać łyżką masę makową i wgniatać ją w ciasto.

Placek z jabłkami

Wyrośnięte ciasto maślane rozwałkować i ułożyć na wysmarowanej masłem blasze. Posypać cienko pokrojonymi jabłkami (na 1 placek ½ kg jabłek). Gdy podrośnie, piec w średnio rozgrzanym piekarniku. Posypać cukrem posypanym z cynamonem.

Tak samo można robić placek z innymi owocami.

Placek z serem (serowiec)

Ciasto maślane rozciągnąć cienko na blasze, nałożyć grubo białego przyprawionego sera i wygładzić go nożem maczanym w ubitym białku. Gdy podrośnie, posmarować żółtkiem i upiec.

Można też zrobić, jak w przypadku makowca.

MAZURKI

Mazurek marcepanowy

40 dag migdałów, 40 dag cukru, 4 białka, opłatki, lukier

Migdały sparzyć, obrać ze skórki i przepuścić przez maszynkę. Utrzeć je z cukrem na masę, dodać 4 ubite na pianę białka, wymieszać i w rondelku postawić na ogniu, ciągle mieszając. Wyłożyć masę na półmisek posypany cukrem, a gdy ostygnie, rozsmarować na kwadratowych opłatkach. Upiec na złoty kolor. Gdy ostygnie, polukrować i przybrać konfiturami.

Mazurek czekoladowy

25 dag czekolady, 25 dag cukru, 25 dag migdałów, 10 dag skórki pomarańczowej, 2 całe jaja, piana z 6 białek, 4 łyżki tartej bułki, opłatki

Wszystko razem wyrobić doskonale i upiec na blasze wyłożonej opłatkami. Oblać czekoladowym lukrem.

Mazurek migdałowy

25 dag migdałów słodkich, 10 sztuk migdałów gorzkich, 25 dag cukru, 25 dag masła, 4 jaja, sok z 1 cytryny, 1 łyżka śmietany, mąki, ile wchłonie, opłatki

Migdały zemleć i utrzeć z cukrem. Masło ubić na pianę, zmieszać z migdałami, wbić jaja, wlać śmietanę i dać mąkę. Wygnieść wszystko dobrze, upiec i polukrować.

Mazurek orzechowy

Te same składniki, jak poprzednio, tylko zamiast migdałów dać orzechy laskowe lub włoskie.

Mazurek rodzynkowy

25 dag rodzynków, 25 dag cukru, 25 dag migdałów, 1 jajo, 1 żółtko, otarta skórka cytrynowa, opłatki

Zagnieść i wyrobić ciasto. Upiec na opłatkach.

Mazurek cytrynowy

1 cytryna, 1 szklanka cukru, 1 szklanka mąki ziemniaczanej, 6 żółtek, 6 białek, opłatki

Ugotować cytrynę i przetrzeć przez sito, przedtem utarłszy skórkę. Zmieszać masę cytrynową z cukrem, dodając po 1 żółtku i mąkę ziemniaczaną. Na końcu dodać pianę z białek, lekko wymieszać. Wyłożyć ciasto na blachę i upiec. Polukrować lukrem cytrynowym.

Mazurek migdałowy bez jaj

50 dag mąki, 50 dag masła, 50 dag migdałów, 25 dag cukru, 15-20 gorzkich migdałów

Zagnieść ciasto z mąki i masła, dodać cukier i posiekane migdały. Upiec i polukrować.

Mazurek kruchy z figami

25 dag fig, 10 dag orzechów, ciasto kruche, 5 dag otartej skórki pomarańczowej

Figi posiekać, zmieszać z posiekanymi orzechami i skórką pomarańczową, wymieszać. Zrobić ciasto kruche z masła, cukru i mąki, ułożyć na blasze, na to dać figi, ugładzić nożem i upiec.

Mazurek pomarańczowy

3 pomarańcze, 25 dag cukru, 5 dag migdałów

ciasto kruche: 25 dag masła, 12 dag cukru, 2 jaja, 50 dag maki

Pomarańcze ugotować wraz ze skórką w wodzie, odlewając ją kilka razy. Gdy będą miękkie, pokrajać w plastry i podsmażyć w syropie. Zrobić kruche ciasto, rozwałkować i upiec. Na wierzchu ułożyć potem warstwę smażonych pomarańcz, posypać siekanymi migdałami i wstawić na chwilę do piekarnika.

Mazurek czekoladowy kruchy

Ciasto: 25 dag masła, 25 dag mąki, 25 dag cukru, 1 żółtko

Masa: 25 dag cukru, 25 dag czekolady, 12 dag migdałów, 1 łyżka mąki

Zagnieść kruche ciasto i upiec. Zrobić masę z utartej czekolady, cukru, migdałów i mąki. Nałożyć na ciasto i wstawić na chwilę do letniego piekarnika.

CIASTA DESEROWE

Ciasto francuskie

40 dag mąki, 40 dag masła, 1 jajo, 1 kieliszek octu albo alkoholu, ½ szklanki wody

Zrobić ciasto z maki, jaja, octu i letniej osolonej wody. Rozwałkować na grubość palca, w kształt kwadratu. Schłodzone masło położyć na wierzch, rozpłaszczyć i zwinąć w ciasto, jak w kopertę. Wałkować 10 minut, odłożyć. Potem złożyć we dwoje i znowu wałkować. Czynność powtórzyć cztery razy. Ostatni raz rozwałkować cienko, krając na kwadraciki lub inne figury, kłaść na posmarowaną masłem blachę i wstawić do gorącego piekarnika.

Ciasto francuskie na drożdżach

50 dag mąki, 50 dag masła, 2 całe jaja, 2 żółtka, 2 dag masła, 2 dag drożdży, 1 łyżka cukru, skórka cytrynowa, mleko do drożdży, sól, migdały

Z podanych składników zagnieść ciasto, prócz 50 dag masła, wyrobić, zostawić w ciepłym miejscu, a gdy podrośnie, rozpłaszczyć i położyć na nim masło. Zwinąć i wałkować, jak wyżej. Na koniec krajać pasy, a z nich ukośne pierożki. Ułożyć na blasze, posmarować jajkiem, posypać migdałami i upiec.

Ciastka francuskie z kremem

Ciasto francuskie, ½ litra śmietanki, cukier waniliowy, 4 żółtka, ½ szklanki cukru, 1 łyżka mąki ziemniaczanej, 4 łyżki zimnego mleka, 12 dag cukru

Zrobić ciasto francuskie i upiec. Po wystygnięciu przekroić na pół i przełożyć kremem waniliowym zimnym. Można też przyłożyć tylko śmietanką ubitą z cukrem. Krajać na kwadraciki.

Ptysie

1 szklanka wody, 1 szklanka stopionego masła, 1 szklanka mąki, szczypta soli, 1 łyżka cukru, 6 jaj, krem, 5 dag masła

Wodę zagotować ze stopionym masłem, w gotującą sypać po trochu mąkę, rozbijając ciasto łyżeczką, aby nie było grudek. Gdy ciasto zacznie odstawać od rondla, zdjąć i ubijać dalej aż do wystygnięcia, dodając po jednym jaju. Blachę wyłożyć papierem wysmarowanym masłem. Kłaść łyżką ptysie, w odstępach 5 cm, aby mogły swobodnie urosnąć. Wstawić do nagrzanego piekarnika na ½ godziny. Gdy się upieką i wystygną, przekroić ostrym nożem na pół. Nałożyć krem i przykryć.

Babeczki śmietankowe

50 dag mąki, 20 dag cukru, 40 dag masła, 1 jajo, krem

Zrobić kruche ciasto. Foremki na babki wysmarować masłem i ustawić obok siebie. Trzecią część ciasta rozwałkować bardzo cienko na długi płatek, a owinąwszy go na wałku osypanym mąką przykryć od razu wszystkie foremki, potem palcem wtłaczać do każdej ciasto. Po wierzchu przesunąć wałkiem, aby ciasto równo poobcinać. Upiec w średnio nagrzanym piekarniku. Po upieczeniu napełnić dowolnym kremem.

Pączki wyborne

2 kg mąki, 4 łyżki stopionego masła, 4 jaja, 4 łyżki cukru pudru, 1 –1 ½ kg smalcu, 4 dag drożdży, ćwiartka śmietany, szczypta soli, 1 kieliszek rumu, konfitury

Zrobić ciasto i ubijać je na stolnicy, aż powstaną w nim pęcherzyki. Rozwałkować lekko na grubość palca. Wykrawać szklanką krążki, nakładać odrobinę konfitur i nakrywać drugim krążkiem. Posklejać. Pozostawić w cieple, by wyrosły. W rondlu rozgrzać smalec i smażyć je na rumiano z obu stron, przewracając widelcem. Wyjmować dziurkowaną łyżką i kłaść na sito nakryte bibułą. Posypać cukrem pudrem.

PASZTECIKI, PASZTETY

PASZTECIKI

Francuskie ciasto do paszteciků

½ kg masła, ½ kg mąki, 1 jajo, sól, 1 łyżka masła, 2 łyżki octu, ½ kieliszka rumu

Mąkę przesiać na stolnicy, wbić jedno jajo, dodać łyżkę masła, wlać rum i ocet, zagnieść na pulchne ciasto, nie bardzo twarde, tak długo, dopóki nie zacznie odstawać od ręki, Wyrobione ciasto odstawić na ½ godziny pod przykryciem.. ½ kg masła wstawić do lodówki, żeby stwardniało. Rozwałkować na serwecie w kwadrat. Ciasto rozwałkować na kwadrat dwukrotnie większy. Włożyć w ten kwadrat masło, a brzegi ciasta szczelnie zawinąć. Tak przygotowane ciasto rozwałkować na grubość palca i zostawić na 10 minut. Potem ciasto złożyć w troje i znów rozwałkować. Czynność powtórzyć cztery razy, za każdym razem zostawiając ciasto na 10 minut. Gdy na powierzchni zaczną wytwarzać się bańki, będzie już gotowe.

Foremką wycinać okrągłe lub kwadratowe placuszki – w połowie z nich zrobić otworek wielkości monety. Składać po dwa, ten z otworkiem na wierzchu. Piec na blasze wysmarowanej masłem. Wykrawki upiec także. Do otworów wkładać nadzienie i przykrywać wykrawkami.

Kruche ciasto do pasztecików

½ kg mąki, ¼ kg masła, 2 żółtka ½ łyżeczki drożdży, śmietany, ile zabierze, sól

Mąkę wsypać na stolnicę i rękami wygnieść z masłem, dodać proszek i żółtka. Zagnieść wolne ciasto, dodając śmietany, ile wchłonie. Cienko rozwałkować. Wycinać szklanką krążki, które po wyłożeniu farszem posłużą do robienia pasztecików.

Maślane ciasto do pasztecików

½ kg mąki, ¼ kg masła, 2 żółtka, kilka łyżek kwaśnej śmietany

Zagnieść wszystko razem tak, aby ciasto nie było twarde. Rozwałkować w kwadrat, złożyć w kopertę, podobnie jak ciasto francuskie – co najmniej trzykrotnie.

Farsz z mięsa wołowego

Gotowanego lub pieczonego. Mięso zemleć, dodać dwa żółtka, łyżkę masła, usmażoną na złoty kolor cebulę, sól, pieprz. Całość wymieszać na jednolitą masę i trochę podsmażyć.

Farsz z cielęciny pieczonej

Mięso zemleć na maszynce i przygotować tak samo, jak wołowinę.

Farsz z drobiu i ryb

Sporządza się, jak wyżej.

Farsz z grzybów

Grzyby suszone ugotowane lub świeże cienko pokroić, posolić, popieprzyć i dusić z cebulą na maśle. Oprószyć mąką, zalać dwiema łyżkami śmietany i wymieszać z dwoma żółtkami.

Paszteciki w naleśnikach z grzybami

Naleśniki, grzyby, jaja, masło, ryż, bułka tarta

Grzyby udusić z cebulką na maśle i nałożywszy farsz na gotowe naleśniki zawinąć na paszteciki. Maczać w jajku, potem w tartej bułce, pokropić na blasze tłuszczem i zapiec. Do grzybów można dodać trochę ugotowanego na sypko ryżu.

Paszteciki z ryb

Dowolna ryba (najlepiej słodkowodna), masło, cebula, francuskie ciasto, 2 jaja na twardo, pieprz, sól do smaku

Rybę drobno pokroić, starannie wybierając ości, posolić i usmażyć na maśle wraz z cebulą. Przeleć na maszynce, dodać pieprz, drobno posiekane jaja, wszystko razem podsmażyć i nakładać na ciasto.

Bułeczki nadziewane

Bułeczki, dowolny farsz, bułka tarta, mleko

Małe bułki przekrajać na pół, wyjąć trochę miąższu z obu połówek, a w to miejsce włożyć farsz. Bułki złożyć. Namoczyć na parę minut w mleku, posypać tartą bułką i wstawić na kwadrans do piekarnika.

Paszteciki z szynką

Ciasto francuskie lub kruche, tłusta szynka, 3 jajka

Szynkę zemleć i włożyć do przygotowanych krążków. Ten z wierzchu posmarować rozbitym jajkiem i upiec.

Paszteciki z drobiu (krokiety)

Mięso z upieczonego lub gotowanego drobiu, kilka grzybków, kostka bulionowa, 1 łyżka masła, 1 łyżka mąki, bułka tarta, cienkie plastry bułki, 1 jajo tłuszcz, natka pietruszki

Mięso z drobiu drobno posiekać, dodał kilka pokrojonych grzybków, parę łyżek rozpuszczonego bulionu, ugotowanego z łyżką maki i łyżką masła. Jeżeli wyjdzie zbyt rzadkie, dodać trochę bułki tartej. Nakładać farszu po trochu na bułki, ciasno zwijać, zamoczyć w rozbełtanym jajku, potem w tartej bułce. Smażyć na tłuszczu na rumiano.
Przed podaniem przybrać zielona pietruszką.

Paszteciki à la reine

Mięso z drobiu, kilka pieczarek, 2 żółtka, 1 kieliszek białego wina, ciasto francuskie, ½ cytryny, sól, pieprz do smaku

Mięso zemleć na maszynce, posolić, popieprzyć i udusić na maśle z posiekanymi pieczarkami, dodał sok z cytryny i kieliszek białego wina, na końcu wbić żółtka i wszystko rozetrzeć na gładką masę. Nakładać w paszteciki z francuskiego ciasta.

Paszteciki pieczone

1 szklanka śmietany, 2 szklanki mąki, 1 łyżka masła, dowolny farsz, 2 jaja, sól do smaku, szklanka gęstej śmietany

Wlać do miski śmietanę, wsypać mąkę i odrobinę soli. Wyrobione łyżką ciasto wyrzucić na posypaną mąką stolnicę. Brać ciasto wielkości orzecha i rozciągnąć je palcami. Nałożyć farsz i skleić na kształt pierożków. Posmarować każdy jajkiem rozbitym z wodą.
Ułożyć na wysmarowanej masłem blasze w bardzo gorącym piekarniku, pilnując, aby się nie przypiekły. Po około kwadransie wyjąć i podawać na gorąco.

PASZTETY

Pasztet z wątróbki z ryżem

Wątróbka gęsia lub cielęca, ¼ kg tłustej wieprzowiny, ¼ kg ryżu, 10 dag słoniny, 1 łyżka masła, ciasto francuskie, kilka grzybów, 1 szklanka wody, sól do smaku, cebula

Wątróbkę pokrajać na plastry, naszpikować grzybami i usmażyć z cebulą na maśle. Zemleć wieprzowinę i słoninę i dobrze wymieszać. Ugotować ryż na sypko. Układać w formie warstwami – na przemian ryż z plastrami wątróbki i farsz. Upiec w piekarniku.

Można też francuskim ciastem wyłożyć półmisek i nałożyć na to warstwami ryż z wątróbką i farsz. Upiec.

Pasztet z ziemniaków i szynki

20 dag szynki, 1 szklanka śmietany, 2 łyżki masła, 3 jaja, kilka podgotowanych ziemniaków, bułka tarta, sól do smaku

Ziemniaki pokroić w grubą kostkę i ułożyć w wysmarowanym masłem i posypanym tartą bułką rondlu. Szynkę posiekać bardzo drobno, dodać przegotowaną i ostudzoną śmietanę, łyżkę masła, 1 całe jajko i jeszcze 2 żółtka. Wyrobić wszystko na jednolitą masę. Przekładać nią warstwy ziemniaków. Upiec i podawać z sosem.

Pasztet z jaj i szynki

4 jaja ugotowane na twardo, ¼ litra śmietany, 2 łyżki masła, 2 łyżki mąki, 2 łyżki utartego sera żółtego, 4 łyżki posiekanej szynki, sól, pieprz do smaku, bułka tarta

Ugotowane na twardo jaja przepołowić i ułożyć w formie. Śmietanę zmieszać z mąką i masłem oraz utartym serem i szynką, posolić i popieprzyć. Wymieszaną dokładnie masą polać jajka. Posypać z wierzchu tartą bułką, położyć na wierzchu parę kawałeczków masła i zapiec.

Pasztet z królika

1 królik, 10 dag słoniny, 1 cebula, 1 ząbek czosnku, 1 jajo, 2 łyżki tartej bułki, przyprawa do mięs lub pasztetów, sól, pieprz do smaku, kruche ciasto, kieliszek białego wina, 10 dag masła, włoszczyzna

Królika ugotować z włoszczyzną, następnie obrać z kości, zostawiając kilka większych kawałków w całości. Pozostałe przepuścić przez maszynkę wraz ze słoniną, cebulą i czosnkiem. Dodać przyprawy, wino i trochę tartej bułki. Do formy wysmarowanej masłem włożyć na spód wcześniej przygotowane ciasto, włożyć trochę farszu, na to kawałki mięsa i paski słoniny. Całość przykryć resztą ciasta, posmarować rozbitym jajkiem i upiec na rumiano. Można podawać z sosem pomidorowym.

Pasztet z wątróbki z kaszką

½ kg wątroby wieprzowej lub wołowej, 1 łyżka smalcu, ¼ kg kaszy jęczmiennej drobnej, 1 cebula, 1 litr wody, sól, pieprz do smaku, ewentualnie trochę jarzynki

Wątrobę przepuścić przez maszynkę i ugotować w litrze lekko osolonej wody (dolać, gdy się wygotuje), dodać przyrumienioną na smalcu cebulkę i zasypać szklanką drobnej kaszki, dodać przyprawy na wolnym ogniu udusić wraz z przyprawami. Kiedy będzie gotowa, ostudzić, przełożyć do wysmarowanego masłem rondelka i zapiec w piekarniku.

Pasztet z jarzyn we francuskim cieście

1 duży kalafior, 1 litr świeżych grzybów, ¼ kg fasolki szparagowej, ¼ kg zielonego groszku, ¼ litra śmietany, 25 dag masła, sól, tarta bułka, francuskie ciasto

Każdą jarzynę ugotować osobno w osolonej wodzie, pokrojone drobno grzyby udusić w śmietanie. Na przygotowanym wcześniej cieście francuskim ułożyć jarzyny tak, żeby grzyby znalazły się w środku. Całość polać masłem i przyrumienioną tartą bułką.

Można przybrać ciasteczkami z ciasta. Lekko zapiec. Można też podawać bez zapiekania, na zimno, z roztopionym masłem.

Pasztet na zimno z zająca

Przednie części zająca, 1 cielęca wątroba, ½ kg wieprzowiny, ¼ kg słoniny, 3 jaja, 2 łyżki masła, włoszczyzna, sól, pieprz do smaku, przyprawa do pasztetów

Zająca udusić osobno w osolonej wodzie, wątróbkę, wieprzowinę i słoninę udusić z włoszczyzną. Potem słoninę pokroić w małe kosteczki, mięso dwukrotnie przepuścić przez maszynkę, wymieszać, dodać żółtka, masło, słoninę, przyprawy, na końcu sztywną pianę z białek. Wszystko dokładnie wymieszać. Upiec lub ugotować na parze.
W ten sam sposób można robić pasztet z każdej innej dziczyzny.

Pasztet z cielęciny

1 kg cielęciny, 1 cielęca wątróbka, ¼ kg słoniny, kilka grzybów, 1 cebula, kilka liści laurowych, 6 jaj, trochę gałki muszkatołowej, sól, pieprz do smaku

Mięso cielęce i wątróbkę oraz słoninę udusić w osolonej wodzie z liśćmi laurowymi, cebulą. Przepuścić kilka razy przez maszynkę wraz z wcześniej ugotowanymi grzybami. Wbić jaja, dodać przyprawy, wszystko dokładnie wymieszać. Włożyć do formy i upiec.

Pasztet z indyka

Indyk, 1 szklanka wywaru z jarzyn, 1 szklanka białego wina, maślane ciasto, sól, pieprz do smaku, ½ kg słoniny, 1 kg cielęciny, 1 bułka, ¼ kg masła, 4 żółtka, 1 cytryna

Indyka pokroić na kawałki zalać wywarem i winem. Dusić na wolnym ogniu, aż się wywar wygotuje i zacznie się rumienić. Mięso wyjąć, ostudzić.
Osobno przygotować farsz. Cielęcinę i słoninę przepuścić przez maszynkę, dodać wcześniej namoczoną i wyciśniętą bułkę, wszystko przyprawić i podsmażyć na maśle. Kiedy wystygnie, wbić jajka i dokładnie wymieszać. Formę wysmarować masłem i wyłożyć ciastem maślanym. Na spód położyć trochę farszu, na to kawałki indyka, plasterki cytryny i w ten sposób układać warstwami, ale na wierzchu ma być farsz. Całość przykryć ciastem lub papierem do pieczenia. Piec w gorącym piekarniku przez godzinę.

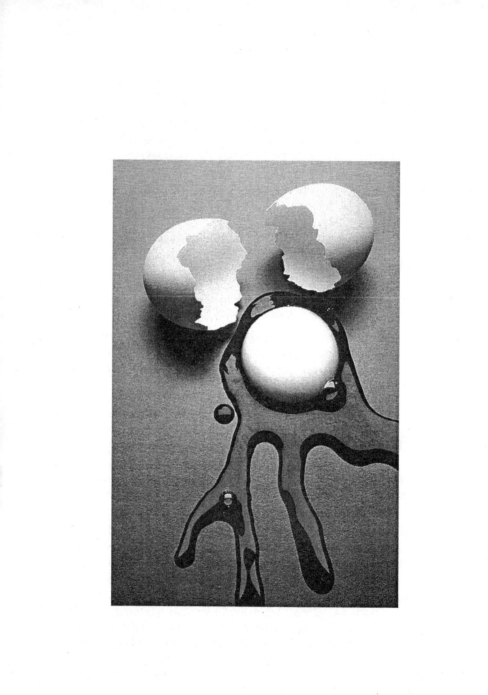

POTRAWY Z JAJ

Omlet naturalny po francusku

4 jaja, sól, 1 łyżeczka masła, 1 łyżka śmietanki lub mleka

Jajka rozbić, dodając śmietanki lub mleka i sól do smaku. Na patelni rozgrzać łyżeczkę masła. Smażyć na rumiano po obu stronach. Omlety można spożywać z różnymi dodatkami. Można je stosować w dwojaki sposób: albo zawijać jak naleśniki, albo drobno posiekane połączyć z jajkami. Dodatkami mogą być: szynka, groszek, smażone z cebulą grzyby, pomidory, żółty ser, szpinak, jarzyny itp.

Jaja na miękko w szklance

Ugotowane na miękko jaja, ale o ściętym białku należy obłupać do połowy ze skorupki i wyłożyć ostrożnie do szklanki na nóżce, po dwa razem.

Jaja w koszulkach

Jaja nabija się lekko na końcach i delikatnie wylewa na wrzącą, osoloną wodę, żeby białko ścięło się wokół żółtka, tworząc „koszulkę". Z wody wyjmuje się dziurkowaną łyżką i podaje zaraz, żeby nie stwardniały.

Jaja sadzone na śmietanie

4 jaja, ćwiartka śmietany, ½ łyżki masła, mąka, sól, kostka maggi

Z masła i mąki przygotować zasmażkę i rozprowadzić na patelni śmietana z kostką maggi. Do tego ostrożnie wlewać po jednym jajku. Gdy białka się zetną, podaje się na stół.

Jaja sadzone na occie

4 jaja, pół szklanki wody, 2 łyżki octu, odrobina soli, 1 łyżka masła, ½ łyżki mąki, pół szklanki śmietany

Zagotować wodę z octem, posolić, wpuszczać ostrożnie jaja, żeby się nie rozlały. Kiedy białka się zetną, wyjąć dziurkowaną łyżką i od razu podawać. Zrobić białą zasmażkę z masła i mąki, rozprowadzić śmietaną, zagotować i tym sosem polać jaja.

Jaja sadzone ze śmietaną

4 jaja, 5 dag masła, sól, pieprz do smaku, pęczek szczypiorku, pół szklanki śmietany

Na patelni rozpuścić masło i ostrożnie spuszczać jaja, żeby się żółtka nie rozlały. Posolić, popieprzyć, posypać posiekanym szczypiorkiem i polać śmietaną. Pod przykryciem smażyć na wolnym ogniu około 10 minut.

Jaja sadzone na bulionie

4 jaja, kostka rosołowa, trochę mąki ziemniaczanej, masło, sól, zielona pietruszka,

Jaja usmażyć (najlepiej na patelni z dołkami). Rozpuścić we wrzącej wodzie kostkę rosołową, zagęścić mąką ziemniaczaną. Wylać sos na półmisek i na to położyć jaja. Posypać posiekaną pietruszką.

Jaja na pomidorach

8 jaj, 1 łyżka masła, sos pomidorowy, sól do smaku

Zrobić gęsty sos pomidorowy (patrz w rozdziale: SOSY). Na patelni z dołkami usmażyć jaja, aby się białko ścięło. Ułożyć je na sosie na półmisku.

Jaja „au gratin"

4 jaja, 5 dag utartego żółtego sera, 2 łyżki masła, trochę tartej bułki, sól do smaku

Na gorące masło spuścić ostrożnie jaja, posolić, posypać serem, polać masłem roztopionym z przyrumienioną bułeczką. Wstawić do gorącego piekarnika i zapiekać do momentu ścięcia się białek.

Jaja nadziewane (faszerowane)

Jaja ugotowane na twardo, masło, kwaśna śmietana, bułka tarta, pęczek szczypiorku, woda, sól, pieprz do smaku

Ugotowane i ostudzone jaja przekrawać wzdłuż ostrym nożem, starając się nie popsuć skorupki. Łyżeczka wybrać środki i drobno posiekać lub utrzeć na tarce, posolić, popieprzyć, dodać posiekany szczypiorek. Masę zasmażyć na maśle z łyżką kwaśnej śmietany. Gotowym farszem napełnić skorupki, posypać tartą bułką, lekko przyklepać nożem. Smażyć farszem do dołu na maśle.

Można także użyć jaj kaczych lub gęsich.

Jaja w majonezie

4 jaja ugotowane na twardo, sól, pieprz, majonez, przybranie półmiska w postaci np. plastrami pomidorów, piklami czy grzybkami, kilka listków sałaty

Jaja obrać ze skorupek, przekroić na pół, posolić, popieprzyć. Ułożyć na półmisku na listkach sałaty. Z wierzchu polać majonezem i przybrać.

Jaja w ogórkach

Jaja ugotowane na pól twardo, ogórki, słonina, masło, mąka, cebula resztki wędlin

Świeże ogórki obrać ze skórki i pokroić na plastry grubości dwóch palców. Wyjąć ziarnka, w to miejsce włożyć kawałek słoniny i poddusić na maśle. Zrobić gęstą zasmażkę z mąki i masła, dodając posiekaną cebulę i mięso. Ogórki położyć na podgrzany półmisek. Na niego po trochu farszu, na to na stojąco po jajku

Można podawać z sosem pomidorowym.

Jaja w ryżu

Ryż, woda, masło, jaja, szynka, żółty ser, sól do smaku

Ugotowany z masłem i solą ryż wyłożyć na formę. Dnem szklanki wycisnąć w nim dołki i wbić do nich jaja. Każde z nich obłożyć dokoła szynka lub inną wędliną – drobno pokrajaną. Całość posypać tartym żółtym serem. Zapiekać w gorącym piekarniku, dopóki jaja nie stwardnieją.

Jaja na grzankach

Bułki, masło, żółty ser, jaja

Bułki pokroić na kromeczki grubości około centymetra. Na każdej położyć plasterek sera, wstawić do nagrzanego piekarnika i trzymać do tej chwili, aż bułka się zarumienia a ser rozpuści. Grzanki ułożyć na patelni, na każdą ostrożnie wlać jajko, żeby żółtka się nie rozlały. Zapiec w piekarniku do momentu, kiedy jajka się zetną.

Jaja na twardo z sosem cebulowym

6 jaj ugotowanych na twardo, 2 duże cebule, pół łyżki masła, 3 dag masła, 3 dag mąki, szklanka mleka, cukier do smaku, 6 pomidorów, ser żółty, woda, sól, pieprz do smaku

Cebule przeciąć na pół, skroić twarde części od dołu i góry, poszatkować je i dusić w rondelku z masłem i taką ilością wody, by je przykryła. Gotować powoli, dopóki woda nie wyparuje. Z masła i mąki zrobić zasmażkę, rozcieńczyć szklanką zimnego mleka, doprawić do smaku solą i cukrem, wlać przetarte na sicie cebule. Jaja obrać ze skorupek i przekroić na pół. Na ogniotrwałej formie położyć tyle plastrów pomidorów, ile jest połówek jaj, posolić, popieprzyć, na każdym plastrze położyć połówkę jaja, każdą polać sosem. Posypać startym serem i położyć kawałki masła. Wstawić do gorącego piekarnika i zarumienić.

Jaja w galarecie

6 jaj, rozpuszczona w wodzie odpowiednia ilość żelatyny, resztki wędlin, kilka marynowanych pieczarek, posiekana zielona pietruszka, pomidor, kilka listków sałaty, pęczek rzodkiewki

Do małych foremek wylać na spód przygotowanej wcześniej żelatyny, która powinna być zastygnięta. Jaja ugotować na twardo w ten sposób, że kolejno należy je wbijać na dziurkowaną łyżkę i zanurzać we wrzącej wodzie do momentu, aż stwardnieją. Wyłożyć do formy. Każde jajo obsypać dokoła resztka posiekanych wędlin, pieczarkami i posiekaną pietruszką. Wylać do foremek resztę żelatyny i wstawić do lodówki do zastygnięcia.

Wyłożyć na półmisek każdą galaretkę na listek sałaty, przybrać plasterkiem pomidora i rzodkiewką wykrojoną w różyczkę.

Jaja z kiełbaskami po francusku

4 jaja na twardo, 1 łyżka masła, 2 dag grzybów, natka pietruszki, małe kiełbaski (mogą być paróweczki), 1 cebula, sól, pieprz do smaku

Jaja rozkroić, wyjąć żółtka (białka zostawić w skorupkach). Kiełbaski posiekać, połączyć z zieloną pietruszką i wymieszać z żółtkami. Białka lekko posolić i nałożyć na nie przygotowany farsz. Na maśle udusić z cebulą świeże lub suszone posiekane grzybki. Położyć je na spód półmiska, a na to połówki podsmażonych na maśle nadziewanych jaj.

Jaja z kiełbaskami po polsku

Składniki, jak wyżej

Ze skorupek jaj wyjąć wszystko. Posiekać drobno kiełbaski, rozetrzeć żółtka, doprawić do smaku solą i pieprzem, białka bardzo drobno posiekać. Wszystko wymieszać i włożyć delikatnie do skorupek. Z wierzchu posypać tartą bułką i podsmażyć na rozgrzanym maśle. Przed podaniem posypać zieloną pietruszką.

Jajecznica

Konieczną ilość jaj (zwykle dwa na osobę) należy dobrze rozbić trzepaczką. Po posoleniu wlać je na rozpuszczone na patelni masło i smażyć na wolnym ogniu nieustannie mieszając.

Podawać na patelni, nie na talerzu. Uwaga: jajecznica jest o wiele pulchniejsza, jeżeli doda się do niej 2-3 łyżki mleka lub śmietany. Można dodać do niej szczypiorku, resztek posiekanych drobno wędlin, papryki lub utartego żółtego sera. Ma wtedy inny smak.

SOSY

SOSY RUMIANE

Sos szary polski

*Zasmażka rumiana, 2 kostki cukru, sok z 1 cytryny, rozpuszczona kostka rosoło-
wa, sól do smaku*

Rumianą zasmażkę rozprowadzić rosołem z kostki, zagotować
i przecedzić. Dodać cukier i sok z cytryny.

Sos szary słodki

*Oprócz tego, co wyżej, jeszcze dodać: ½ szklanki wina, 2 dag rodzynek, 2
dag migdałów sparzonych i posiekanych*

Sos pikantny

*Zasmażka rumiana, kilka cebul, zielona pietruszka, sól do smaku, 2 łyżki musz-
tardy, kilka korniszonów*

Rumianą zasmażkę zalać zimną wodą, wymieszać, przecedzić. Ugotować wywar z kilku cebul, posiekanej zielonej pietruszki, kilku korniszonów i musztardy, posolić i tym wywarem rozcieńczyć zasmażkę.
Podawać do dań mięsnych.

Sos cebulowy

2 upieczone cebule, 1 łyżka masła, 2 łyżki octu, mąka, sól do smaku, karmel

Cebule upiec, posiekać i podsmażyć na maśle do zarumienienia. Zrobić zasmażkę z mąki, podlać dwiema łyżkami octu, posolić, dodać karmelu.
Podawać do dań mięsnych.

Sos korniszonowy

Rumiana zasmażka, 2 kostki rosołowe, 1 łyżka octu, sól, cukier do smaku

Rumianą zasmażkę rozprowadzić rozpuszczonymi we wrzątku kostkami rosołowymi, dodać kilka pokrojonych w plasterki korniszonów, ocet, sól i cukier do smaku.
Podawać do dań mięsnych oraz zapiekanek.

Sos kminkowy

Zasmażka rumiana, 1 łyżka kminku, włoszczyzna, sól do smaku

Rumianą zasmażkę rozprowadzić wywarem z włoszczyzny, dodać łyżkę kminku, posolić.
Podawać do zapiekanek.

Sos winny

1 łyżka masła, 1 łyżka mąki, 1 szklanka rosołu z kostki, 1 kieliszek wina, sól, pieprz, cukier do smaku, 1 łyżka masła, 2 łyżki posiekanych pieczarek

Rumianą zasmażkę rozprowadzić zimnym rosołem i dodać do gorącego rosołu, posolić, popieprzyć i długo gotować. Na końcu dodać kieliszek wina, cukier i posiekane pieczarki.
Podawać do polędwicy i gorących pasztetów.

Sos do ryb

1 łyżka masła, 1 łyżka mąki, 1 łyżka koncentratu pomidorowego, odrobina sproszkowanej czerwonej papryki, 1 szklanka wywaru z ryb

Do rumianej zasmażki, rozprowadzonej wywarem z ryb, dodać koncentrat, paprykę.

Sos ostry węgierski

2 cebule, włoszczyzna, 4 łyżki masła, 4 łyżki mąki, ½ szklanki rozpuszczonego rosołu z kostki, ½ łyżki sproszkowanej papryki, 2 łyżki octu, ½ szklanki czerwonego wina, kilka cebulek, sól, cukier do smaku

Rumianą zasmażkę rozprowadzić rosołem, osobno udusić na maśle posiekane warzywa wraz z cebulą, cukrem i solą. Gdy będą miękkie, włożyć do sosu, dolać wino, paprykę, zagotować.
Podawać do dań z dziczyzny.

SOSY JASNE

Sos cytrynowy

Zasmażka jasna, 2 żółtka, sok z cytryny, sól, cukier do smaku, wywar z włoszczyzny

Jasną zasmażkę rozprowadzić szklanką wywaru z włoszczyzny lub rosołem z kostki, dodać sok z jednej cytryny oraz otartą z niej skórkę, dodać cukru i soli do smaku, a na końcu dwa żółtka, ciągle mieszając. Zagotować.
Podawać do potraw z drobiu lub cielęciny.

Sos szczypiorkowy

Zasmażka jasna, 1 łyżka posiekanego szczypiorku, szklanka rosołu z kostki, trochę octu, sól do smaku

Jasną zasmażkę rozprowadzić rosołem, dodać trochę octu, posiekany szczypiorek, posolić i zagotować.
Podawać do dań mięsnych.

Sos grzybowy

Zasmażka jasna, 2 dag suszonych grzybów, 1 cebula, sól do smaku

Zasmażkę rozprowadzić szklanką wywaru z grzybów, dodać posiekane drobno grzybki, posolić do smaku.
Podawać do zapiekanek i potraw z ziemniaków.

Sos musztardowy

Zasmażka jasna, ½ szklanki rozpuszczonego rosołu z kostki, sól, cukier do smaku, trochę octu, 3 łyżki musztardy

Jasną zasmażkę rozprowadzić rosołem, dodać musztardę ocet, sól, cukier do smaku. Zagotować.
Podawać do potraw z ryb i kiełbas.

Sos ogórkowy

1 ogórek kiszony, jasna zasmażka, trochę kwasu ogórkowego, szklanka wywaru z włoszczyzny, sól, pieprz, cukier do smaku

Jasną zasmażkę rozprowadzić wywarem z włoszczyzny, dodać trochę kwasu ogórkowego, posiekany drobno ogórek, posolić, popieprzyć i osłodzić do smaku.
Podawać do potraw mięsnych.

Sos jarzynowy

Jasna zasmażka, włoszczyzna, 1 szklanka rosołu z kostki

Pokroić drobno różne jarzyny i ugotować w rosole. Rozprowadzić zasmażkę i zagotować.
Podawać do potraw mięsnych.

SOSY BIAŁE

Sos beszamel

Zasmażka biała, ¼ litra rosołu z kostki, ćwiartka słodkiej śmietany, 2 żółtka, 2 dag utartego żółtego sera, odrobina gałki muszkatołowej

Białą zasmażkę rozprowadzić rosołem, dodając po trochu śmietanę. Przecedzić przez sito, dodać gałkę muszkatołową, zaprawić żółtkami i posypać utartym serem.
Podawać do dań z cielęciny lub drobiu.

Sos pomidorowy

4 pomidory, 1 łyżka masła, 1 łyżka mąki, ½ szklanki śmietany, ½ szklanki rosołu z kostki, 1 żółtko, sól, cukier do smaku

Pomidory pokroić i udusić na maśle. Dodać łyżkę mąki rozprowadzonej z rosołem, śmietanę, sól i cukier do smaku. Zagotować i przecedzić przez sito. Na końcu dodać żółtko.

Sos cytrynowy ze śmietaną

Zasmażka biała, sok z 1 cytryny, otarta skórka cytrynowa, ½ szklanki śmietany, ½ szklanki rosołu z kostki, 1 żółtko, sól, cukier do smaku

Białą zasmażkę rozprowadzić w rosole, dodać śmietany, sok, otartą skórkę z cytryny, posolić i osłodzić do smaku. Pod koniec dodać żółtko.

Sos szczawiowy

Zasmażka biała, garść szczawiu, ½ szklanki śmietany, sól, cukier do smaku

Białą zasmażkę rozprowadzić wodą, w której gotował się szczaw. Dodać śmietanę, wrzucić posiekany szczaw, posolić i osłodzić do smaku. Zagotować.
Podawać do potraw ziemniaczanych.

Sos ze świeżych grzybów

Biała zasmażka, świeże grzyby, ½ szklanki śmietany, sól, pieprz do smaku

Grzyby sparzyć, pokroić i udusić na maśle. Na to wsypać łyżkę mąki, dobrze wymieszać. Dodać śmietanę, posolić, popieprzyć do smaku.
Podawać do potraw z ziemniaków lub ryżu.

Sos maślany

2 łyżki mąki, 5 dag masła, 2 żółtka, 1 szklanka wywaru z kalafiora

Mąkę zagotować z masłem i zalać wodą, w której gotowały się kalafiory. Zaprawić dwoma rozbitymi żółtkami.
Podawać do kalafiorów lub szparagów.

Sos chrzanowy

¼ kg chrzani świeżego, 3 łyżki masła, 1 łyżka mąki, ½ szklanki rosołu z kostki, ½ szklanki śmietany, 1 żółtko, cukier, sól do smaku

Chrzan utrzeć, wrzucić na gorące masło, wymieszać. Wlać rosół, rozprowadzić. Mąkę wymieszać ze śmietaną, dodać sól i cukier, wymieszać i wlać do chrzanu, zagotować.
Podawać do potraw mięsnych lub rybnych.

Sos zielony

Zasmażka biała, garść posiekanej pietruszki, garść posiekanego szczypiorku, 1 szklanka rosołu z kostki. Sok z 1 cytryny, sól, pieprz do smaku

Posiekaną pietruszkę i szczypiorek ugotować w rosole, przetrzeć przez sito. Zalać tym jasną zasmażkę, posolić, popieprzyć. Zagotować.
Podawać do dań mięsnych.

Sos koprowy

Zasmażka biała, garść posiekanego kopru, ½ szklanki śmietany, ½ szklanki rosołu z kostki, sól do smaku

Białą zasmażkę rozprowadzić rosołem, dodać śmietanę, koper, posolić. Jeżeli sos ma być kwaśniejszy, dodać soku z cytryny lub octu. Podawać do potraw mięsnych.

Sos ogórkowy

Zasmażka biała, i ogórek kiszony, ½ szklanki rosołu z kostki, ½ szklanki śmietany, sól do smaku

Białą zasmażkę rozprowadzić kwasem ogórkowym, dodać śmietanę, pokrojony drobno ogórek kiszony. Zagotować. Podawać do potraw mięsnych.

Sos z rzodkwi

Zasmażka biała, 2 utarte rzodkwie, ½ szklanki rosołu z kostki, ½ szklanki śmietany, sól do smaku

Białą zasmażkę rozprowadzić rosołem, wlać śmietanę, dodać utarte rzodkwie, wymieszać, posolić. Podawać do potraw mięsnych.

Sos szczypiorkowy ze śmietaną

Zasmażka biała, garść szczypiorku, ½ szklanki rosołu z kostki, ½ szklanki śmietany, sól do smaku

Białą zasmażkę rozprowadzić rosołem, wlać śmietanę, wsypać posiekany drobno szczypiorek, posolić do smaku. Podawać do potraw mięsnych.

Sos ziemniaczany

1 łyżka masła, 1 łyżka mąki, ½ szklanki mleka, trochę białego pieprzu, zielona pietruszka, 2 ziemniaki, sól do smaku

Masło utrzeć z mąką na pianę, rozprowadzić mlekiem, dodać soli, pieprzu, posiekanej pietruszki i podgotować. Dodać pokrojone w kostkę ziemniaki.

Podawać do potraw mięsnych.

SOSY ZIMNE NIEGOTOWANE

Sos majonezowy z surowych żółtek

4 żółtka, sok z 2 cytryn, szklanka dobrej oliwy, sól, pieprz, cukier do smaku

Do porcelanowej miski wbijać po jednym żółtku, dodając po kilka kropel oliwy, ubijając nieustannie trzepaczką. Po trochu dodawać także soku z cytryny, aby zapobiec zwarzeniu się żółtek. Pod koniec posolić, popieprzyć i osłodzić do smaku.

Sos majonezowy biały

2 łyżki maki, 2 łyżki masła, sok cytrynowy, ½ szklanki oliwy, rosół z kostki, sól, cukier do smaku

Masło rozetrzeć na pianę z mąką, rozprowadzić rosołem, zagotować i przelać do miski. Zebrać z wierzchu tłuszcz, poczekać, aż ostygnie. Ubijać na białą, gęstą pianę, dolewając po łyżeczce oliwę. Posolić, wlać do smaku soku z cytryny, dodać trochę cukru.

Sos majonezowy z ugotowanych jaj

4 jaja, 4 łyżki oliwy, 2 łyżki octu, ½ łyżki musztardy, 3 łyżki galarety z nóżek cielęcych, 2 łyżki śmietany, sól, cukier do smaku

Ugotować jaja na twardo (nie nagle we wrzącej wodzie, ale powoli przez pół godziny w wodzie gorącej, nie gotującej się), żółtka przetrzeć przez sito, białka drobno posiekać, dodawać po odrobinie oliwę i trzeć, aż cała oliwa zostanie wchłonięta. Dodać ocet, musztardę, śmietanę, galaretę. Ubić na pianę.

Szybki sos majonezowy

3 łyżki oliwy, 3 łyżki octu, 3 łyżki wody, 3 żółtka, 1 łyżka mąki ziemniaczanej, 2 łyżki kwaśnej śmietany, cukier, sól, pieprz do smaku

Wszystko razem rozbić na gładko trzepaczką, wstawić z garnkiem do wrzącej wody i ubijać, aż zgęstnieje. Potem wstawić do zimnej wody, dodać soli, pieprzu, cukru do smaku i śmietany.

Sos majonezowy z winem

1 szklanka białego wina, 1 ½ szklanki oliwy, sok z 2 cytryn, 2 dag żelatyny, 6 żółtek, sól, pieprz biały do smaku

Bić wszystko, oprócz jaj, trzepaczką przez 20 minut. Dodawać po jednym żółtku i bić dalej, aż sos będzie zupełnie gładki i gęsty.

Sos tatarski

1 łyżka musztardy, 1 łyżka szczypiorku, 1 łyżka kaparów, 1 korniszon, kilka grzybków, sos majonezowy

Do sosu majonezowego (patrz wyżej) dodać musztardy, szczypiorku, posiekanych kaparów i pokrojony drobno korniszon oraz grzybki. Wszystko dobrze wymieszać.

Podawać do wędlin.

Sos chrzanowy zimny

3 łyżki utartego chrzanu, ½ szklanki śmietany, ocet, sól, cukier do smaku

Utarty chrzan sparzyć wrzącym rosołem lub wrzącą wodą, dodać trochę octu, zaprawić śmietaną, posolić, osłodzić do smaku.

Podawać do wędlin, ryb, potraw mięsnych.

Chrzan z octem

Utarty chrzan, ocet, cukier

Chrzan utrzeć, sparzyć wrzącą wodą, dodać trochę octu i cukru. Podawać do wędlin.

Chrzan z jajkiem

Utarty chrzan, 2 jaja na twardo, 2 łyżki octu, 1 łyżka cukru

Chrzan sparzyć wrzącą wodą. 2 żółtka utrzeć z cukrem, dodać ocet, zmieszać z chrzanem i posiekanym drobno białkiem.

Wydwnictwo **PRINTEX**
proponuje:

WRÓŻENIE Z KART
Format A5, oprawa
broszurowa, 288 stron.
Zbiór różnego rodza-
ju karcianych wróżb.

GRY W KARTY
(zbiór gier karcianych z róż-
nych stron świata)
Format A5, 190 stron, oprawa
broszurowa, wyd. I.

HOROSKOP DLA CIEBIE
Format A5, oprawa bro-
szurowa, 192 str.
Horoskopy.

KOBIETY – OSTATNIA GRANICA
Format A5, 192 strony, oprawa
broszurowa.
Poradnik dla mężczyzn.